从教走向学 2
大单元设计的方法与案例

北京市十一学校教育家书院 —— 著

中国人民大学出版社
·北京·

本书作者名单

崔德政	何其书	何永德	贺千红	李春宇	李潇雪
李　郁	梁　朔	刘赛男	彭　了	秦　彤	沙　莎
史建筑	孙鸿金	田靓雯	王爱丽	王春易	王　磊
夏　静	闫存林	杨　静	于秋红	于晓静	余彩芳
张美华	张　珊	赵继红	赵　俊	郑　发	郑媛媛
郑子杰	仲国虎	周　锐

（按姓氏音序排列）

前　言　/ 001

| 第一辑 |

教学目标：学习之旅的目的地

单元学习目标的动态调适　/ 011

教学目标的确定　/ 016

单元教学目标要聚焦学科大概念　/ 021

精准设计学习目标　/ 027

| 第二辑 |

核心任务：在意义体验中沉淀核心素养

核心任务的诞生　/ 033

设计核心任务，锻炼学生的思维能力　/ 038

《有理数》单元的"二进制"学习任务　/ 042

三个子任务，助力从活动设计走向单元设计　/ 047

从核心任务的进化到学习重心的转移　/ 052

用真实的学习任务激发学习内动力　/ 057

| 第三辑 |

单元重构：把学习的过程还给学生

如何激发学习兴趣，开展单元学习　/ 067

在英语大单元教学中，如何用工具支持学生学习　/ 071

换一种方式学思想政治　/ 075

在完成大单元学习任务中涵养核心素养　/ 080

发现元素周期的"律"：以学习为中心的情境任务　/ 086

子任务设计助力从教走向学　/ 091

| 第四辑 |

学习工具与学习资源：学习发生在哪里，工具、资源就出现在哪里

量规：重要的学习工具和资源　/ 101

如何帮助学生完成自主学习　/ 108

科学探究：地震中的高楼生存密码　/ 116

工具的力量　/ 121

课程资源助力历史学科核心素养落地　/ 125

帮助学生探寻适合自己的健康之路　/ 130

| 第五辑 |
诊断与评估：帮助学生成为更好的学习者

善用案例、量规，促进学生自评、互评　/ 137

有效设计作业，实现精细诊断　/ 145

如何找到学生自主学习的起点　/ 151

从教走向学中的增值评价及其可视化探索　/ 157

以真实情境命题，诊断学生的问题解决能力　/ 167

基于真实科技前沿情境的物理诊断命题　/ 171

做好学科诊断分析，促进学习增值　/ 176

学科会诊，助力学生高考前的"最后一公里"　/ 182

后　记　/ 191

前　言

在落实核心素养的课堂转型中，大单元教学成为被推崇的一种教学方式。很多学校都在极力推进大单元教学，教师也都在努力改变过去的教学方法，大力进行课堂整合。不少研究团队对大单元教学进行了深入研究，但在操作层面，很多教师依旧对大单元设计心存困惑。其中以下问题尤为突出。

1. 大单元设计中的"大"体现在哪里？

2. 大单元设计要"大"到什么程度？如何衡量它够大了？

3. 大单元设计的具体方法有哪些？难点在哪里？

4. 大单元设计后的教学如何展开？怎样组织？

5. 大单元教学需要持续一段时间，在这个过程中，应该如何及时有效地进行评估？

……

要解决好这些问题，一方面需要进行基础性理论研究，在学理上为大单元设计提供指导；另一方面也需要教师在日常教学中，进行理性思考和实践研究，探索大单元设计的操作框架与实施路径，共同推进大单元教学的有效设计与实施，更好地促进核心素养在课堂上有效落实。

北京市十一学校（以下简称"十一学校"）从 2016 年开始进行课堂

"从教到学"的深水区转型。教师从学生的学习出发，立足学生应具备的适应终身发展和社会发展需要的必备品格和关键能力，探索在课堂上落实核心素养的具体路径和方法，其中也积累了不少有关大单元设计的研究成果和案例。

本书精选了 30 篇大单元教学案例，部分再现了十一学校教师对大单元设计的探索历程。透过这些案例，我们可以看到一个个大单元从规划、设计到实施、评估的完整路径，可以看到每个大单元是如何从理念走向课堂，从雏形走向完善的。这些真实的教学案例，不仅承载了教师对教育未来的思考，对学生学习的感知和研究，而且包含了教师的实践研究成果；不仅呈现了大单元教学设计的路径和方法，展示了大单元教学实施的流程与环节，而且探索了对大单元教学进行评估的多种方式。

书中的教学案例，虽以单元的整体形式呈现，实际上每篇案例都各有所侧重，并不单纯求全，而是兼顾大单元设计的不同维度，侧重大单元设计的难点和重点，重点呈现突破与创新的不同侧面。这些案例，包含了语文、数学、英语、物理、化学、生物、地理、历史、政治（思想品德）、体育等十多个学科，兼顾初中和高中不同的学段。

这些蕴含十一学校教师不懈探索和思考的鲜活案例，定能激励更多变革中的教师，丰富他们的资源库和工具箱，帮助更多教师破解大单元设计中的问题与困惑。

我们所理解的大单元设计具有这样一些关键词：学习单元、素养目标、学科大概念、核心任务、工具和脚手架。

一、大单元是立足学生发展而设计的"学习单元"

单元教学不是新事物，但是此单元非彼单元。

在日常教学中，教师常常会根据教学的实际情况，不拘泥于固定的课时，对教材内容进行适当整合。例如，将几小节内容作为一个整体来处理，或者将不同章节的相关内容整合在一起，形成一个教学单元。这些探索可以算是对大单元教学的一种尝试，但这种探索带有偶然性，不够系统，更主要的是这种整合出来的单元，与整合前在本质上没有太大区别。

其一，整合后的单元目标没有整体提升，与整合前的基本相同。此时的单元目标更多的还是聚焦在知识层面，甚至是为了讲解更多的知识才整合的。可以说，此时的单元是以学科内容为核心的内容单元，不是基于提升学生综合能力和素养而设计的单元，没有对学生应该具备的关键能力提出要求。

其二，整合后的单元在实施层面与整合前的也没有太大不同。教师虽然将相关内容整合了，但教学方式基本没有改变。教学流程与平时的课时教学一样，还是通过教师设计一系列问题，一点儿一点儿地往前推进，没有设计贯穿整个单元的学习任务，没有给予学生更多的学习自主权和更丰富的学习体验。此时的单元依旧是方便教师讲解的教学单元。

而当前所倡导的大单元设计，不是一般意义上的单元教学，不是仅仅将教学内容进行简单整合的内容单元，也不是以教师设计问题来逐步推进的教学单元。此时的大单元设计以落实核心素养为目标，以解决实际问题为中心，通过设计贯穿整个单元的真实学习任务，给予学生更多的挑战，更好地激发学生的学习兴趣，为学生提供更深入的探究和应用体验。此时的大单元是立足学生发展而设计，指向学生深度学习的学习单元。

可见，大单元设计的重点不是整合更多的教学内容，不是挑战更高的教学难度，不是规划更长的教学时间，大单元的"大"不是体现在这些方面。离开了学生的发展，离开了核心素养的落实，离开了真实问题的解决，离开了更深入的学习体验，再大的单元设计也不是我们所倡导的。

二、落实核心素养是大单元设计的重要目标

教学目标是教学设计的第一粒纽扣，大单元设计更是如此。甚至可以说，大单元的"大"，主要就体现在单元目标的"大"上。

如何设计单元目标，才算够大呢？一个重要指标就是看它是否始终围绕核心素养来设计，是否将落实核心素养作为大单元最重要的目标。从宏观上讲，大单元设计的魂，就是落实核心素养，实现课程育人。

具体说，教师应该对学科核心素养有深入的分析和研究，有系统化拆解与整合，对核心素养既有整体性、系统化理解，也有对不同层次内涵的把握。教师应将学科核心素养与学科内容建立有机联系，知道哪些内容是落实哪些核心素养最好的载体，并且能够明确表达出在本单元要落实哪些学科核心素养，并明确要落实到什么程度。在设计单元目标时要注意以下三点。

第一，大单元的目标不能忽略生产、生活中的实际问题。要引导学生运用所学内容，对实际问题进行合理解释，提出解决策略与方案，要将学以致用作为单元的首要任务。不论现在还是未来，学生都面临着各种各样的真实问题，常规学习与记忆，不断重复与考试，很难形成解决问题的真正能力。而直面生活中遇到的问题，立足真实问题的解决，在解决问题的过程中学习和探究，才可能不断提升学生解决问题的综合能力和素养。

第二，大单元的目标不能囿于学科知识，不能陷入琐碎的知识点。要在原有基础知识和基本技能的基础上有所突破，将学科内容进行有机整合。这种整合不仅要找出相关内容，找到相关知识之间的联系，更重要的是要概括出能够持久理解，可以实现迁移的学科大概念，并将建构和理解学科大概念作为重要的单元目标。学科大概念反映了学科本质，是可以跨越时间和情境的，经得起学生持续思考和学习，可以帮助学生应对复杂的问题和挑战。

第三，大单元的目标不能割裂三维目标，应避免以下几种分离：知识与技能的分离，过程与方法的分离，知识技能与学习过程、学习方法的分离，知识技能与情感、态度、价值观的分离。如何规避上述情况呢？一个有效的方法是设计贯穿整个大单元的真实学习任务，引导学生在完成学习任务的过程中，在做事情的过程中，实现学习内容、学习过程、学习方法，以及蕴含其中的情感、态度、价值观的统一，从而实现落实核心素养的目标。

三、用学科大概念统领大单元设计的学习内容

一个大单元设计得是否够"大"？如何衡量？

除了在目标维度上，要看单元目标是否聚焦核心素养；在内容维度上，还要考察这个大单元是否至少包含一个比较上位的学科大概念。如果说落实核心素养是设计大单元的魂，那么这个魂的附着点就是学科大概念。

如果教师在设计大单元时，整合了很多内容，但是没有概括出更加核心、体现学科本质的大概念，那么这个单元就不够大。此时整合的这些内容会表现出相对零散、抽象性不强、迁移性不高的特点。学生在学习时，无法经历从具体到抽象的思维提升过程，学习的深度不够，而且容易陷入简单的理解与记忆中，没有深入学科本质，无法有效地迁移应用所学内容，从而与素养目标脱节。

长期以来，教师总是感觉教学内容越来越多，课时越来越紧张。这一方面是因为知识不断发展，另一方面也与我们没有将相关内容整合，或者整合的力度不够有关。教学中针对各种概念、术语、定义、知识点均衡用力，导致教学内容结构化程度不高。

如何解决不断增多的知识与有限课时之间的矛盾？《普通高中课程方案（2017年版2020年修订）》提出了应对方法，就是重视以学科大概

念为核心，整合相关内容，使课程内容结构化，通过结构化的课程内容，促进核心素养的落实。

学科大概念不是一般的知识，它超越了一般的学科概念，是学科中最有价值、最精华的内容，是反映学科本质的核心原理或方法。它既反映了知识背后的规律，也是知识的附着点，可将琐碎的知识有机黏合在一起。学生在建构和理解学科大概念的过程中，不仅需要学习相关内容，更需要深入学科本质，充分地探究与体验，将学科大概念迁移到新的情境中加以运用。这与落实核心素养的育人目标完全一致。因此，设计大单元时，要用学科大概念来统领单元的学习内容，大概念是将单元内容结构化的重要支架。

四、核心任务是大单元设计要突破的难点

定位好大单元的学习目标，整合好大单元的学习内容后，如何让学生积极主动地学起来呢？这是大单元设计的一个难点。

由教师主导，设计一系列问题，通过问题推进教学，虽然学生也在参与，但是相对被动，在设计上还是教师"教"的思路，不是学生"学"的逻辑。不论是实现单元目标，还是建构与理解学科大概念，都需要学生有更深入的学习体验，在新的情境中能够迁移应用所学内容，不断提升解决问题的综合能力。因此，从教走向学，应该是大单元设计要突破的一道坎儿。

用学生"学"的逻辑来思考大单元设计，需要设计能够驱动学生学习的学习任务。此学习任务要能够激发学生的学生兴趣，让学生愿意参与，而且此学习任务不能太小、太简单，要有一定的综合性和挑战性，能够贯穿整个单元的学习。这样的学习任务才能与单元目标、学习内容相匹配。我们将这样的学习任务称为核心任务。核心任务应该具备以下特点：

第一，有意思。核心任务首先要让学生感觉好玩，愿意参与。这也是学习得以开始的前提。没有激发学生的兴趣，没有开启学生的自我系统，学生只能停留在原有的行为上，谈不上学习。即使学生有参与学习的行为，也是相对被动的，学习潜能得不到有效激发和挖掘。

第二，有价值。核心任务不是凭空产生的，也不是一味地投学生所好，它与大单元的学习目标紧密相连。核心任务的价值应体现在它是实现单元目标的重要载体，学生在完成核心任务过程中的表现，应该成为学生是否实现单元目标的评估证据。

第三，有可能完成。核心任务的综合性与复杂性常常会"吓"到学生，让学生对未来的学习望而却步，因此教师还需要对相对复杂的核心任务进行适当的分解，设计相关的学习工具和脚手架，帮助学生突破学习难点，使学生感到核心任务虽然充满挑战，但是有可能完成。

核心任务和以往常见的小活动、小任务是有区别的。过去教师在教学设计中，也会设计一个个小活动、小任务，通常是为了突破一个知识难点而设计，可能需要三五分钟，也可能需要十几分钟。学生想一想，做一做，理解了这个知识点后，教师继续讲别的内容。核心任务强调综合性，具有一定挑战性。这个任务可能持续几节课、一两周甚至更长时间。因此，核心任务与大单元的教学设计正好匹配。

五、大单元设计离不开学习工具和脚手架的设计

大单元作为指向学生深度学习的学习单元，离不开学习工具和脚手架，这一点特别容易被忽视。

平时教师在设计教学时，对如何突破教学难点，如何突出教学重点都会精心设计，在教师的工具箱里，有很多方便教师顺利开展教学的工具和方法。但是大单元设计需要教师变换视角，从思考如何教、怎样讲，

转变为更多地思考学生如何学，怎样帮助学生学。此时的学习工具与脚手架不是可有可无的，它们是帮助学生学习的必要支撑，是从教走向学的有力保障，是大单元设计的重要内容。

学习工具包含的内容很广，既可以是一个具体的学习工具，例如，一个表格、一个提示单、一个简易框架图等，也可以是学习评估的工具、学习诊断的工具、学习效果反馈的工具，以及帮助学生越过各种学习难点的脚手架等。

如果说单元目标的制定、大概念的整合需要教师团队集体的力量，那么学习工具和脚手架的设计则带有很强的个性化色彩。不同班级、不同学生的需求常常是不同的，需要教师真正俯下身去，了解每一位学生，关注每一位学生的学习。教师应了解学生的认知起点，找到他们的学习基础与学习目标之间的距离，及时发现他们在学习过程中遇到的问题与困难，然后给予适切的帮助。

给予学生适切的学习工具和脚手架，如同在爬山过程中，伸出一只手，递过一根木棍，给予一段绳子，或是在脚下垫一块砖，提前铺好一段小路……不同学生可能需求不同，但正因为有了这样的帮助，才有可能让每一位学生都爬到山顶，实现学习目标。

学习工具和脚手架的设计，既需要教师对整个学习过程做出预判，知道什么地方是绝大多数学生都越不过去的，什么地方学生可能会偏离学习目标；同时，也需要教师对班级、对学生有深入了解，能预知哪些学生可能在哪里遇到阻力，哪些学生可能在哪里会走弯路，等等。

当然，设计学习工具和脚手架的过程并不容易，但是只有经过了这个阶段的磨炼，教师才真正有可能成为专业的学习设计者，成为学生学习的有效指导者。

王春易

| 第一辑 |

教学目标：
学习之旅的目的地

教学目标是教学设计的第一粒纽扣，是学习之旅的目的地。没有明确、具体的教学目标，所有的教学活动就会成为无源之水，无本之木。

在课堂上落实核心素养，教学目标要从知识维度上升到素养维度，侧重学科大概念的建构和理解，突出知识的迁移与应用。

单元学习目标的动态调适

学习目标，既是学习的出发点，也是学习的目的地。学习目标制定的依据是国家课程标准和实际学情，由此细化至学年、学期、单元、课时等。所以，在实际学习过程中，学习目标虽是先期预设，但也并非一成不变，而是处在动态调适中。

目标的前调适

所谓目标的前调适，也就是单元学习正式开始前的目标完善。教师在综合考量课程标准、学生实际和学习资源等要素的基础上，通过前测、问卷调查、座谈等方式，制定出适切的学习目标。

例如，高一上学期《论语》单元学习目标1，最初确定为——能够通过阅读《论语》，形成对其主要思想的初步理解。目标确定后，问题来了，站在学生的角度会提出若干问题：就"学习目标1"而言，高一上学期的学生如何阅读整本《论语》？阅读的切入点在哪里？什么是"初步理解"？……总之，初定的"学习目标1"存在的问题是，难以操作、管控和评估。

遇到此类问题，一般要回到课程标准和实际学情中去寻找答案。我们在《普通高中语文课程标准（2017年版2020年修订）》学习任务群1"整本书阅读与研讨"中找到了依据："重视学习前人的阅读经验，根据不同的阅读目的，综合运用精读、略读与浏览的方法阅读整本书，读懂文本，把握文本丰富的内涵和精髓。"然后结合本学习单元的核心任务"搭建我的《论语》思想盒子"，以及高一上学期学生难以独立阅读理解的实际学情，最后将"学习目标1"完善为——

能够根据傅佩荣、李零、鲍鹏山、陈来等人对《论语》的解读，形成自己对《论语》主要思想的理解。

这样的学习目标就具备了可操作性。我们还把这些专家、学者的图书和论文等学习资料，如《人能弘道：傅佩荣谈论语》《丧家狗：我读〈论语〉》《孔子传》等图书，以及《〈论语〉的德行伦理体系》等论文，都放在了学科教室，帮助不同知识储备的学生实现对《论语》的阅读与理解。

目标的过程调适

在前期制定目标时，即使教师认为目标已经足够合理，它也不一定完全适合接下来的真实学习过程。仍以上面提到的《论语》单元的学习目标为例，本单元初定的"学习目标2"为——

能够通过举例子、引名言、打比方、编故事等方式，实现对《论语》主要思想的初步理解。

这样设计的出发点是适当降低学习难度，让学生可以有选择地表达自己对《论语》的理解。但在实际学习过程中我们发现，学生一旦对主要思想的理解出现偏失，那些间接证明自己理解的"举例子、引名言、打比方、编故事"等，也随之出现偏失，因为毕竟论据与论点要追求一致。

要解决这一问题，就要从调整目标开始，也就是要让学生把自己对理解的"直接阐释"作为首要目标，然后辅以"间接证明"，这样才是对理解的充分表达。在具体实施过程中，教师又针对这一目标专门为学生研发了"直接阐释"的工具，即如何解释观点、分析观点和运用观点。最后，教师将"学习目标2"完善为——

能够通过"直接阐释"和举例子、引名言、打比方、编故事等"间接证明"的方式，实现对《论语》主要思想的理解。

对这一目标的完善，就属于过程性调适。也就是说，在单元预设环节尚未发现学习目标存在的问题，而是在学生进入真实学习状态后及时发现存在的问题。这就要求教师及时收集问题、评估问题，并迅速做出调整。

基于核心任务的目标逆向调适

这种调适，一般也属于学习目标的"前调适"，但因逆向调适的特殊性，在此单独介绍一下。

学习任务是实现学习目标的载体，因为目标自身是难以达成的，一定是通过媒介、手段等来实现。因此，设计出适切的学习任务是教师的要务，而适切的任务反过来又会促进目标的完善。

例如，鲁迅小说集《呐喊》的单元学习，初定目标为：

1. 能够分析作品布局谋篇的方法和人物刻画的技巧。
2. 能够结合现实，理解鲁迅作品深刻的主题。

最初设计的核心任务是——

从读者的角度，为《呐喊》的再版写一篇序言。

这一任务涉及对《呐喊》的思想性和艺术性的分析。另外，为"再版"而写，也使得这一任务具有一定的驱动力。不过，有两个问题难以解决：一是学生要完成的这篇序言与作品原有的自序之间是什么关系；二是这一核心任务如何驱动学生对这本小说集的阅读。

鉴于以上两个问题，教师准备重新设计本单元的核心任务，既要突出对《呐喊》中14个单篇的阅读，又要兼顾《呐喊》小说集的特点，还要有一定的学习内驱力。最后，我们确定了这样一个核心任务——

从思想性和艺术性等方面入手，为《呐喊》小说集中的篇目排出前五名。

这一任务能很好地聚焦"目标1"和"目标2"，分析单篇在布局谋篇和人物刻画等方面的匠心，又能够进行横向比较，进而实现对整本小说集内容和形式的全面掌握。

但问题又来了，这一有创意的任务，已经"超额"完成了初定的学习目标，并且实现了小说群文阅读，所以需要从任务回溯目标，重

新审视并完善学习目标。经过适当的整合调适后,《呐喊》学习单元的目标确定为:

1. 能够分析作品布局谋篇的方法和人物刻画的技巧。
2. 能够结合现实,理解鲁迅作品深刻的主题。
3. 能够分辨并比较类似的情节、人物等元素在同一作家不同作品中的呈现。

以上目标就很好地兼顾了《呐喊》的单篇阅读与群文比较阅读,并且实现了目标与任务的严密对接。从理论上讲,一个学习单元肯定是先有目标再有任务,但在实际教学设计与实施中,时常需要我们"叩其两端"来推演,以求整体的完善。

凡事都是原则很少,而技巧很多,学习目标的制定与完善亦是如此。依据课程标准、尊重学情、充分利用资源优势等都是原则,但具体细化、随时生成等又是技巧。因此,教师既要遵循原则,又要灵活应变,以追求学习效益的最大化。

》史建筑

教学目标的确定

教学必须确定一定的目标，教学目标设计得是否明确、具体、适切，直接影响教学内容的确定与安排、教学方法的选择与运用，以及教学效果的好坏。在新课程理念下，教学目标必须依据《义务教育数学课程标准（2022年版）》中的"课程目标"，结合学生的实际情况来设计。所以，教学目标的确立，必须建立在准确把握课程标准之上，建立在了解学生的学习起点之上，建立在深入解读教材之上，教学目标要做到明确、具体、适切、可操作、可测量。下面是以一节课为载体确定教学目标的探索过程。

在学习人教版数学教材七年级下册第五章《相交线与平行线》时，学完平行线的判定与性质后，为了让学生达到熟练应用平行线的判定与性质的目的，我安排了一节"平行线的综合"习题课，并设计了以下教学目标（1.0版）：

1. 能选择平行线的判定定理或性质定理进行正确推理，提高推理能力。

2.能够添加适当的辅助线。

3.能够对同一个问题采用不同方法解决,提高解决问题的能力。

4.能从变化的角度提出问题,渗透转化的数学思想方法。

围绕这样的教学目标我设计了一道探究性题目:

例:已知如图,$AB/\!/CD$,E 为 AB、CD 之间的任意一点,连接 EB、ED。

(1)探究 $\angle ABE$、$\angle CDE$、$\angle BED$ 三者之间的数量关系,并说明理由(采用三种方法);

(2)改变点 E 的位置,继续探究 $\angle ABE$、$\angle CDE$、$\angle BED$ 三者之间的数量关系。

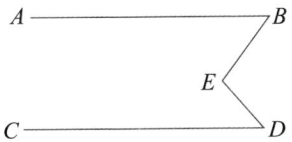

教研组老师进行讨论时指出,四个目标太多,太复杂,同时也不清晰、不明确、不适切、不可测量。例如,目标1,如何判断是否提高了推理能力,无法评估;目标2,没有叙述清楚添加什么样的辅助线,解决什么样的问题;目标3,对什么样的问题、采用什么样的方法叙述不清。另外,设计的例题是一道较为复杂的探究性题目,要求学生对平行线的判定与性质,以及图形的结构特征掌握比较熟练。可是,学生刚学完平行线的判定与性质,大多对图形的结构还没有深刻认识,入手较难,添加辅助线更是难点。

此外,当点 E 的位置不同时,相应的 $\angle ABE$、$\angle CDE$、$\angle BED$ 三

者之间的数量关系也会发生相应变化,这需要学生首先判断出点 E 会在哪些位置,再画出相应的图形分别进行探究。这涉及分类讨论,教学目标中并没有提到这一点。因此,在此处设计这个问题为时过早。

经过教研组的讨论和自我反思,这节课的目标设计主要存在三个问题:第一,没有了解清楚学情,没有站在学生的起点上设计目标;第二,目标定得多而复杂,描述不清楚;第三,教学重点、难点不突出。目标不恰当,直接导致后面的例题也设计得不恰当。

对一节课的教学目标,不但老师要清楚,学生也要清楚。经过调整,我设计了以下教学目标(2.0 版):

1. 根据图形结构判断能否直接使用平行线的判定定理、性质定理。
2. 会使用一种方法解决问题。
3. 会使用两种或两种以上方法解决问题。
4. 会总结归纳。

设计的 2.0 版教学目标难度明显降低,但新问题也暴露出来。虽然教学目标具有可操作性、可测量性,但表述不具体,看不出这节课到底要解决什么问题,而且它不像教学目标,更像过程性目标。

总之,1.0 版和 2.0 版这两版教学目标都不是我们想要的。

结合教学经验,我发现在学习《平行四边形》《相似》或《圆》之后,一段时间内有些学生会处于迷茫状态。究其原因是当图形逐步变得复杂,用到的判定定理与性质定理多起来后,学生往往会因在复杂图形中不能正确识别和构造基本图形而陷入困境。因此,在教学过程中,教师要重视学生对基本图形结构的认识,让学生逐步建立起基本图形库。刚刚学完平行线的判定与性质,经过批改作业及调查、了解,我发现学生能针对较简单的图形应用所学知识解决问题,但对线条比较多的图形及需要添加辅助线构造基本图形的题目，许多学生还没有掌握。《义务教育数学课程标准（2022年版）》提出："图形的性质的教学……要组织学生经历图形分析与比较的过程，引导学生学会关注事物的共性、分辨事物的差异、形成合适的类，会用准确的语言描述研究对象的概念，提升抽象能力，会用数学的眼光观察现实世界。"

于是，我完全改变了起初设定的教学目标和教学内容，把这节课的标题从"平行线的综合"改为"平行线的基本图形"。既然学生对复杂图形中的平行线基本图形常常识别不出来，那么设计一个目标，让学生通过对图形的对比、分析，把隐藏在其中的基本图形分离出来，不就起到认识基本图形的作用了吗？同时也发展了学生的几何直观。基于此，我尝试设计了以下教学目标（3.0版）：

1. 会从复杂图形中分离出平行线的基本图形。
2. 会添加辅助线构造平行线的基本图形。

3.0版教学目标，比前两版更加清晰、具体，但并没有说明具体解决什么问题，也缺乏衡量标准。如果教师能够预估出大约有多少学生及哪些学生能掌握此目标，就可以使课堂教学更有针对性。另外，3.0版目标1中的"复杂图形"仍然指代不清，什么样的图形算是复杂图形？

为了能够确定清晰、适切、可操作、可测量的教学目标，我又对班中每个学生近期的学习情况进行了细致分析，对教学内容再仔细斟酌，并确定了以下教学目标（4.0版）：

1. 约80%的学生能够用分离平行线基本图形的方法，解决含有两组平行线的图形折叠问题。

2. 约 80% 的学生能够根据已知图形的结构，添加辅助线构造平行线的基本图形。

目标 1 中，"用分离平行线基本图形的方法"是学习条件，"解决……问题"是行为，"含有两组平行线的图形折叠问题"是行为的标准。目标 2 中，"根据已知图形的结构"是学习条件，"添加辅助线"是行为，"构造平行线的基本图形"是行为的标准。

有了这样的教学目标，设计教学环节就水到渠成了。上课前应向学生明示本节课的教学目标。由于老师在上课前对每位学生的学习起点都已了解得非常清楚，对在教学过程中利用什么条件、采用什么样的学习行为、达到什么标准都已了然于胸，所以课堂教学的每个环节都能紧紧围绕教学目标进行，于是，学生认识和掌握基本图形的任务就都顺理成章地完成了。

在不断调整、研讨、确定本节课教学目标的过程中，教研组的每位老师都积极参与，我个人更是受益匪浅。我深刻体会到，教学目标是教学设计的第一粒扣子，对教和学起着定向、调控和评估作用。只要教学目标清晰、适切、可操作、可测量，教学活动、教学策略、教学方式就容易确定下来。

》于晓静

单元教学目标要聚焦学科大概念

课程标准是学科教学的依据。《普通高中生物学课程标准（2017年版 2020年修订）》提出了生物学科的核心素养包括生命观念、科学思维、科学探究和社会责任，并以此为根据，更新了课程内容和评价体系。

那么，教师如何让日常教学始终基于课程标准，并落实学生的核心素养呢？学科大概念是个重要抓手。我们在围绕学科大概念来确定教学目标上做了一些探索。

依据学科大概念，将课时教学目标转化为单元教学目标

对教学目标如何制定，大家并不陌生。以人教版高中生物学必修1的第3章《细胞的基本结构》为例，它分为三节内容：

第 1 节　细胞膜的结构和功能
第 2 节　细胞器之间的分工合作

第 3 节　细胞核的结构和功能

以前，在教授这一章内容时，制定的每一节的教学目标分别是：

第 1 节：了解细胞膜的主要结构，了解细胞膜的主要功能。

第 2 节：了解各个细胞器的结构与功能；知道观察和分离细胞器的方法。

第 3 节：了解真核细胞细胞核的结构和功能；比较原核细胞和真核细胞细胞核结构的不同。

这样的教学目标是否合适呢？

我们要看教学目标是否达到了课程标准对本章内容的要求。《普通高中生物学课程标准（2017 年版 2020 年修订）》明确强调要以学科大概念为核心，促进学科核心素养的落实。本章《细胞的基本结构》，属于生物学科第一个学科大概念"细胞是生物体结构与生命活动的基本单位"中的重要概念——

细胞各部分结构既分工又合作，共同执行细胞的各项生命活动。

不难看出，学科大概念是学科最本质的内容，是需要学生深入理解的内容。显然，以前制定本章各节的教学目标时关注的重点是一个个具体的知识点。学生即使把这些知识点都掌握了，也可能并不理解细胞结构与功能相统一，以及细胞各部分结构分工合作，共同执行细胞的各项生命活动等核心观点。

那么，问题出在哪里呢？

原因之一是，长期以来，我们在设计教学时，以割裂的、具体的课时进行设计，没有以单元为整体进行设计。这样，学生自然就无法对学科本质有更深入的理解。

为了解决这一问题，帮助学生理解学科本质，我们在教学目标的设计上进行了改进，从以描述具体知识点为主，转变为以学科大概念为核心，从课时教学走向单元教学。

调整后的单元教学目标，以学科大概念进行描述：

持久理解目标：学生能从"系统观"的角度，理解各细胞器既分工又合作，共同执行细胞的各项生命活动。

同时，我们也没有忽视本单元的知识内容要求，提出了知识技能目标：

知识技能目标：学生能通过显微观察等方式，画出并说明各细胞器的结构及其功能，并能举例说明细胞要完成某项生命活动，需要哪些细胞结构。

此外，我们还对高中生物学各个单元进行了整合，将必修课程相关内容划分为细胞的物质基础、细胞的结构及其功能、细胞代谢、细胞的生命历程四大主题。这四大主题形成四大学习单元，各单元都提炼了相应的学科大概念（见图1-1）。

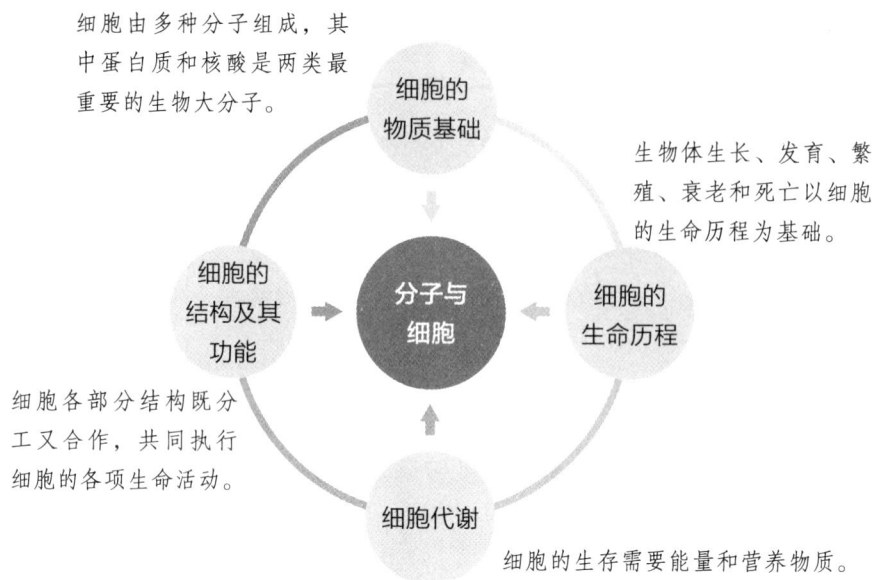

图 1-1 四大学习单元及其学科大概念

依据学科大概念,提炼、落实核心素养的迁移应用目标

根据学科大概念进行单元整合,并提炼出单元的持久理解目标和知识技能目标后,我们回归课程标准来审视这样的教学目标能否落实学科核心素养。学科核心素养是学科育人价值的集中体现,是学生通过学科学习而逐渐形成的正确价值观念、必备品格和关键能力。由此可见,最好能给学生提供真实的问题情境,让学生去体验、去探究,只有这样才能在解决真实问题的过程中培养学生的核心素养。

基于此,我们需要进一步挖掘本单元内容与生活的结合点,提出学生的迁移应用目标。

迁移应用目标:学生能应用本单元所学知识,对其他层次生命系统的结构与功能相适应以及各部分的协调配合做出合理解释。

有了上述"持久理解目标""知识技能目标""迁移应用目标"这三个教学目标指引，教师就能让自己的教学始终和课程标准保持在同一条轨道上，实现从落实知识到培养核心素养的转变。

另外，我们还设计了与生活紧密结合的核心任务，让核心任务贯穿学习全程，以实现教学目标。

我们设计的核心任务是"细胞招聘"：

如果你是一个细胞（比如，人的成熟红细胞、鸟飞行肌细胞、胰岛 B 细胞、成熟筛管细胞、大肠杆菌细胞、蛔虫体细胞），你要招聘哪些细胞结构，使你的"企业"繁荣发展？请说明理由。

如果你是一个正在苦学本领的细胞结构，你想"应聘"到哪种细胞中？你这个"岗位"类似于企业中的什么职位？你这个"岗位"需要和哪些细胞结构合作？怎样才能被成功聘任？

请以小组为单位，分工合作，抽签决定扮演的角色，并模拟聘任过程。

这样一来，学生在完成任务的同时，就能对"细胞各部分结构既分工又合作，共同执行细胞的各项生命活动"这一大概念与"系统观"有更深入的理解。当然，这样的任务也有助于培养学生的团队合作精神等。

制定单元教学目标的一些体会

总的来说，单元教学目标可以分三个层次进行描述：

1. 依据学科大概念，提出学生需要持久理解的目标。

2. 挖掘本单元内容与生活的结合点，提出迁移应用目标。

3. 结合课程标准，提出单元的知识技能目标。

除了将教学目标按持久理解、知识技能、迁移应用进行分类，在制定教学目标时，我们还考虑了以下两点。

第一，在教学目标的描述上，站在学生的角度去思考，力求语言清晰、准确、友好，让学生能清楚知道本单元学习要达到的要求。教学目标也是学生的学习目标，只有教师和学生都明白本单元的目标，学习才能真正展开。

第二，制定的教学目标要可测量、可评估。教学目标是教师调动和组织学生学习的参照与依据，因此，教学目标要能够测量、评估。有了目标作为指引，学生在进行单元学习和完成核心任务时，就知道要做到什么程度，并通过自评和互评，矫正学习过程，以达成学习目标。

在实践中我们发现，以学科大概念为核心设计单元教学目标，以此统领单元教学，有利于学生展开真实的学习，从生物知识的学习走向生物学科核心素养的落实。

》刘赛男

精准设计学习目标

如何通过教师的教学设计，让学生的学习始终指向学习目标？我们就"硫元素及其化合物"这一单元设计展开了探索。

让学习效果不打折扣的关键在于教学设计能紧扣学习目标。要做到这一点，第一步是精准把握课程标准。《普通高中化学课程标准（2017年版2020年修订）》提出内容要求，即学生能够结合真实情境中的应用实例或通过实验探究，了解硫及其重要化合物的主要性质，认识其在生产中的应用和对生态环境的影响。学习本单元，学生要掌握的物质种类丰富，要探究的物质间转化过程复杂，学生需要从物质类别、元素价态、物质结构、周期表和周期律等多个认识角度建立结构化的元素认知模型。同时，对二氧化硫等物质，要结合社会热点，调动学生积极参与讨论社会议题，培养他们参与社会决策的能力。

研读课程标准时还需要确立本单元学习重点发展的学科核心素养（见图1-2）。化学学科的五大核心素养几乎渗透在每一个主题单元教学中，但是"科学态度与社会责任"在此前的单元学习中不是主要的关注点。而在"硫元素及其化合物"单元中，二氧化硫是教学的重点、难点。如果能够引导学生分析二氧化硫对食品安全、环境污染的影响，分析其社会影响，解决社会问题，就能够充分发展学生的"科学态度与社会责任"这一核心素养。

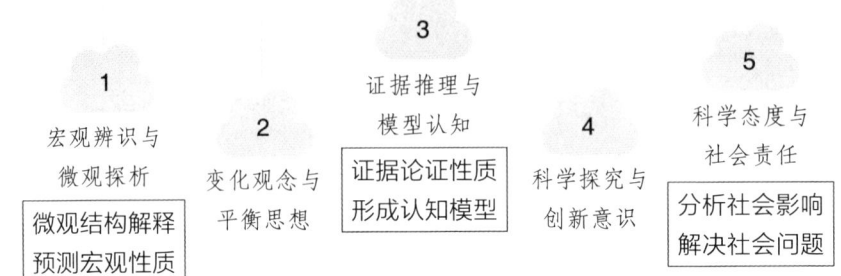

图1-2 化学学科核心素养

基于以上考虑，我们初步确立了本单元学习目标的框架（见表1-1）。确立学习目标时需要警惕两个误区：一是单纯罗列学习清单；二是强调面面俱到。特别是后者，这也是我们在进行单元设计的初期深感困扰的——无法把所有知识都包含在一个单元活动中。实际上，这个问题应当在确立学习目标的环节解决。教师要将最核心的知识、技能及其应用要求体现在学习目标中。倘若追求事无巨细，就会造成整个单元设计形神皆散。

表1-1 "硫元素及其化合物"单元学习目标

迁移应用	建立学习元素化合物的认知模型，能够利用此模型理解、预测含硫物质的性质和用途，并能将模型迁移应用到对陌生元素的学习中
	运用本单元所学知识，解释、解决现实生活中有关环境污染、食品安全等问题，感悟化学，欣赏化学研究的成果

续表

持久理解	强化结构决定性质、性质决定用途的基本概念
知识技能	①了解硫及其化合物的主要性质、作用，认识物质之间的转化途径及其对社会发展的价值 ②学会收集证据，从价类二维视角对硫及其化合物的性质变化提出假设，建立解决复杂化学问题的思维框架 ③关注有关硫的社会热点问题，了解二氧化硫对空气的污染情况，分析酸雨的成因、危害与防治，培养参与社会决策的能力

学习目标需要包含迁移应用、持久理解、知识技能三个层面。迁移应用层面需要教师跳出单元具体知识点，思考学生在学习本单元后，应具备的思维能力；持久理解层面则需要始终追问这是不是学科核心的概念，这个概念是否具有螺旋式发展的特征；而知识技能层面则容易生成，教师要结合过往的教学经验以及具体学情，从课程标准中提取本单元核心的知识和技能要求。

根据《追求理解的教学设计（第二版）》单元逆向设计的三阶段理论，确定学习目标即为确定预期结果，接下来应当是确定合适的评估证据，设计学习体验和教学。在本单元的设计中，我们还有一个比较深的感触，要做到学习任务紧扣学习目标是讲究技巧的。上述学习目标可以理解为教师进行任务设计时的清单，不论是核心任务的设计还是子任务的设计，这些学习任务重点承载哪些学习目标以及核心素养，教师在设计之初就应做好规划。

以本单元的设计为例，我们在对核心任务进行分解的同时，也对任务承载的目标和核心素养进行了分解（见图1-3）。在实施任务过程中，每个子任务的课时和评估标准也基本确定。不论是教师的任务设计还是学生的任务实施，要努力做到不偏离目标。

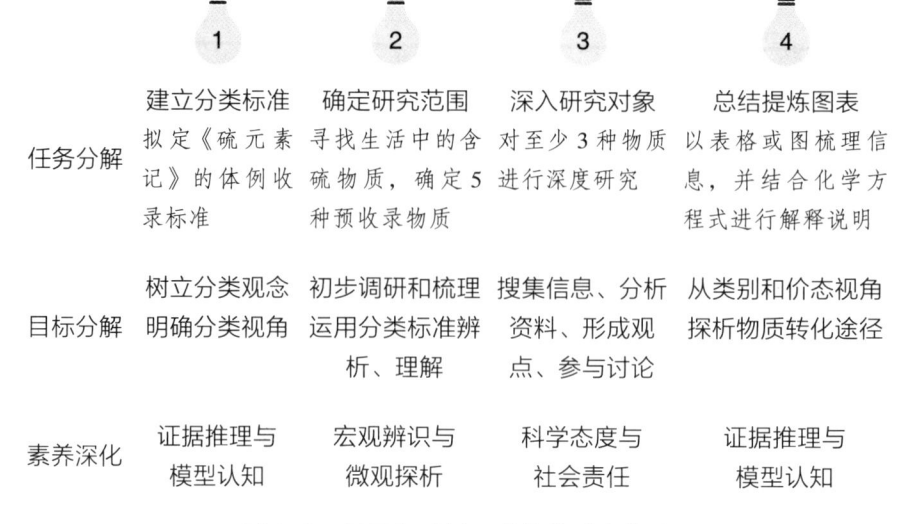

	1	2	3	4
任务分解	建立分类标准 拟定《硫元素记》的体例收录标准	确定研究范围 寻找生活中的含硫物质，确定5种预收录物质	深入研究对象 对至少3种物质进行深度研究	总结提炼图表 以表格或图梳理信息，并结合化学方程式进行解释说明
目标分解	树立分类观念 明确分类视角	初步调研和梳理 运用分类标准辨析、理解	搜集信息、分析资料、形成观点、参与讨论	从类别和价态视角探析物质转化途径
素养深化	证据推理与模型认知	宏观辨识与微观探析	科学态度与社会责任	证据推理与模型认知

图 1-3　任务与目标、素养的对应关系

我们通过认真研读课程标准，从三个维度明晰学习目标；以学习目标为锚点，确定每个学习任务所需承载的关键目标，以确保学生的学习不偏离目标。学生被置于真实且复杂的情境中，在解决问题过程中能够主动完成对学科知识的学习、理解和迁移运用。因此，即便学生在无法动手做实验的情况下，学习本单元内容，我们依然使学习目标扎实落地。

在探索中我们也感受到，针对不同学生的实际学习情况，应当为学生设计不同层级的学习目标，设计的学习任务需要具有多样性和可选择性，以尊重学生不同的学习路径，这也是在今后的单元设计中我们需要深入思考的问题。

》于秋红

| 第二辑 |

核心任务：
在意义体验中沉淀核心素养

　　核心任务不同于一般的学习活动，它具有综合性和挑战性，可以引发学生深度思考、持久探究。

　　核心任务立足真实情境，聚焦真实问题，贯穿整个单元的学习，是对学生进行表现性评估的证据，是落实核心素养的重要载体。

核心任务的诞生

假如有这样一个语文单元,单元主题为古代的优秀祭文,文本资源包括韩愈的《祭十二郎文》、欧阳修的《祭石曼卿文》、王安石的《祭欧阳文忠公文》、苏轼的《祭欧阳文忠公文》、袁枚的《祭妹文》。你还可以添加其他与主题相关的祭文或悼词。那么,作为语文老师,你将如何教授这个单元?

当然,可以一篇一篇去讲解,如果有足够的课时,因为每一篇都是古代经典文本,细细讲解并指导学生进行赏析也并无大碍。传统的讲授法大约就是如此,尤其是面对文言文本,疏通词句、理解文意乃是阅读的基础。

或者,可以在同样的主题下,引导学生进行文本比较,从而在比较中辨清每个文本的意蕴,以及表达情感的不同方式,因为毕竟你已经将其组合成了一个单元,而这个单元又是由相同的主题构成的。这样的设计比单篇讲解应该进步了,因为你有了整合的思想,有了文本比较的思想;因为语文教学的第一要义是教会学生读书,而不仅仅是让他们理解文本的含义或思想。

然而，学生的学习终归是被动的，因为一切设计都是出自教师。学生只是按部就班地在教师的引导下去学习文本，而且面对文言文，学生极有可能生出畏难感。总之，他们是硬着头皮去看这些多年以前的文字。

我们教师和我们的学生知道为什么要学习这些文字吗？或者说学生阅读这些文本最终要发展和铸造自己哪方面的能力？

让我们回到课程标准，看看它是如何界定的：

3-4　对汉语、汉字和中华优秀传统文化有较浓厚的兴趣，有主动积累、梳理、探究富有文化意蕴的语言材料的习惯。

4-1　能不断扩展自己的语文积累，自觉整理在学习中获得的语言材料和言语活动经验……能根据具体的语境和表达的目的、要求，运用口头和书面语言，文从字顺、准确生动地表达自己的真情实感。

5-2　在理解语言时，能从多角度、多方面获得信息，有效地筛选信息，比较和分析其异同。

5-4　尝试用历史眼光和现代观念，辩证地审视和评论古今中外语言文学作品的内容和思想倾向。[1]

且不谈课标所规定的具体学习内容，单说它对学生的学习要求："自觉整理""主动积累、梳理""历史眼光""现代观念""比较和分析"，等等。这些关键词无不集中到学生的学习主动性以及思维能力的培养上。其中极重要的莫过于如何调动学生的学习主动性，从而使其能够"自觉整理"，用"历史眼光"和"现代观念"去"比较和

---

[1] 中华人民共和国教育部.普通高中语文课程标准：2017年版2020年修订[M].北京：人民教育出版社，2020:37-39.

分析"。

于是，我们可以换一个角度去设计教学或者说设计学习。同样是这些古代祭文文本，我们可以从写作的角度切入来达成阅读的目的。

比如，学习写作一篇祭文。通过写的方式实现有目的地阅读古代或者现代祭文、悼词。实际上，根本还是为了阅读的写作。写作仅仅是一种阅读的手段。

给谁写祭文呢？给老师写，大约学生是会感兴趣的，然而老师可能不愿意，因为毕竟"超越"了传统，且阅读的范围不会扩大。

"给曹操写吧！"一位老师说道，"曹操的忌日快到了。"思想的火花总是在不经意间来临。

于是，开始撰写核心任务：

曹操乃东汉末年杰出的政治家、军事家、文学家。公元220年3月15日，曹操走完了他辉煌的一生，留下无穷的话题任后人评说。请阅读《三国志·武帝纪》以及曹操的代表诗文，并结合当代人张作耀的《曹操传》，深入了解曹操，在其忌日来临之际为其写作一篇祭文。

那么，那些古代祭文呢？《祭妹文》《祭欧阳文忠公文》呢？你大约会问。是呀，怎么从古代祭文一下飞跃到了曹操？少安毋躁，我们且确定学习目标：

通过本单元的学习，我能够从特定角度对历史人物做出合乎逻辑的评价。

通过之前的学习，我们的学生对某些历史人物已经形成某些特定看法，当然同时也存在诸多问题：碎片化，人云亦云，凭据不充分等。

本单元的学习目标就是从这一学情出发确定的。

学习目标确定后，我们需要确定核心问题。什么是核心问题呢？核心问题是能够引导学生深入思考本单元文本价值并能一直持续思考的问题。它是开放的，而不是封闭的；它是思考的开始，而不是结束。于是，围绕本单元的学习目标以及学习资源，我们提出这样的核心问题：

伟大的人物是如何影响历史的？

曹操肯定是一个伟大的人物，这毋庸置疑。我们通过学习需要思考的，并不是判定曹操是不是一个伟大的人物，而是要深入思考作为一个伟大的人物，曹操是如何影响历史的。换言之，学生需要思考曹操在哪些方面被后世人不断"引用"。

当然，思考曹操这样的伟大人物如何影响历史只是一个引子，由曹操学生可以延展到其他历史上的伟大人物，考察他们如何推动历史，其共性是什么。这便是这个核心问题的价值。该核心问题具有十足的开放性，且能够引发学生深入思考历史对现实的影响。

行文至此，大家请思考一个问题：假如你是一个学习者，面对这样的核心任务以及需要思考的核心问题，你将如何开展学习？

你会想，要给曹操写一篇祭文，那就需要了解曹操的生平事迹以及他在历史上的诸多影响与贡献；不然的话，如何给曹操写祭文呢？或许，还应该看看历史上他人对曹操是如何评价的。当然，不能简单依靠自己读过的历史演义小说《三国演义》，因为毕竟是演义小说，其人物的塑造必然带上了作者强烈的感情倾向，人物形象不能当真。于是，阅读正史《三国志》就是必需。

当然，还需要了解、学习祭文的一般写法：如何开头，如何结尾，用什么样的口吻，是否要客观评价，等等。那么很直观的材料就是古代那些经典祭文，如袁枚的《祭妹文》等。

了解到这些学习路径，我们教师就要给学生准备好较为丰富且必要的学习资源。

这些学习资源分为两个部分：一部分是与祭文或悼词相关的文本，包括文言文和现代文；另一部分是与曹操相关的阅读资源，包括曹操的本纪以及曹操的诗文，外加一本现代人写的《曹操传》。

于是，在核心任务的驱动下，学生制订自我学习规划，按照自己的学习路径开展学习。学习过程中辅以具有阶梯性质的子任务以及祭文的写作量规，学生在一个学习时间段里以不同身份为曹操写作祭文。后来，这些祭文择优发表在《许昌日报》上，亦是学生学习成果的一个见证。

》闫存林

设计核心任务，锻炼学生的思维能力

为培养高一年级学生阅读长篇小说的能力，我们设计了"为《平凡的世界》中的人物设置代入一个变量"的核心任务。任务中提到的"代入一个变量"，是指学生可以这样想象：

假如在某个时间节点，"我"可以成为《平凡的世界》中的某个人物，替他走完后面的人生路："我"会选择成为谁？在哪个时间节点成为他？"我"会做出哪些改变？"我"做出的改变又会给这一人物及与他相关的人物带来怎样的可能？……

这一核心任务极大地调动了学生的阅读兴趣，拉近了他们与经典作品《平凡的世界》的距离。在完成这一核心任务的过程中，学生不再是旁观者，不再认为书中讲述的几十年前的故事离自己太遥远，而是带着可以改写书中人物命运的使命，参与到《平凡的世界》的阅读、再创作当中。同时，学生也知道，想要改写书中某个人物的命运，就要先了解这一人物与其他人物之间的关系，了解人物所处时代的政治、经济环境。在完成对书中人物命运的改写后，学生也会将其与原书中的人物命运进行对比，思考自己的改写是否真的优于原书的设计。这一过程会加深对书中人物的理解。

为了完成这一核心任务，学生在通读《平凡的世界》全书后，还会反复翻阅所选人物的相关片段，总结该人物在不同人生阶段的性格特点及成长变化历程。这可以锻炼他们提炼人物性格、概括关键事件、分析人物成长变化等抽象思维能力。确定代入变量的节点后，学生将设身处地地思考自己在特定的时代环境下，可以做哪些事情来改变该人物的命运。这可以锻炼他们的想象力以及搜集信息、根据特定环境做出选择等能力。然后，学生需模仿《平凡的世界》的笔调，描述所选人物做出的改变及对周围人物的影响。这可以锻炼他们由点到面思考问题的能力以及语言表达和审美鉴赏能力。

学生在完成这一核心任务的过程中，发展了语文学科素养（尤其是"思维发展与提升"方面）。学生较好地实现了预设的两个学习目标：

1. 能够理解长篇小说中主要人物的性格形成历程。
2. 能够基于一个主要人物，理解作品中人与人、人与时代之间的关系。

此外，这还能极大地锻炼和提升学生梳理概括、分析提炼、想象感受等方面的能力。可见，这一核心任务是能够调动学生的学习内动力和创造力的好任务。

那么，如何"批量"设计出这样科学有效、能够锻炼学生思维的核心任务呢？我们可以借鉴"为《平凡的世界》中的人物设置代入一个变量"这一核心任务的设计，梳理其思维路径并将其显性化、模式化。

首先，教师需要认真阅读《普通高中语文课程标准（2017年版2020年修订）》的具体要求，为想要设计的核心任务选择具体的能力标准。以《平凡的世界》为例，教师便可以参考课标中的"学习任务群1　整本书阅读与研讨""学习任务群5　文学阅读与写作""学习任务群10　中国现当代作家作品研习"等描述的能力素养，进行筛选、整合，将其作为核心任务设计要重点掌握的能力标准。

接着，教师需要思考这些能力标准是否符合当下学生的认知发展水平，只有符合学生认知发展水平的目标才是科学的目标。结合已有的认知发展理论研究成果，我们发现高一年级学生已经具备较强的认知能力。在知觉方面，高一年级学生的知觉与观察更具目的性，能够基于已有的知识和技能进行阅读；在注意力方面，高一年级学生的注意力明显提升，可以进行较长文本的阅读，能够根据阅读任务的特点分配自己的注意力，根据不同的体裁转换自己的阅读方式；在思维方面，他们的逻辑推理能力日益增强，可以在提示下完成对阅读情境的多重想象；在情感方面，他们能够理解情感发展的因果逻辑，理解作品中的复杂人物。根据这些认知发展特点，我们认为可以选择优秀的长篇小说作为学习对象来设计核心任务。

然后，教师还要充分考量所学内容的特色，将其特色融入核心任务设计中。核心任务的设计不应是千篇一律的，而应在确定能力标准的基础上，依据所学内容的特色创造性地设计。《平凡的世界》这部小说，特色之一是描述了大时代中多个普通人人生的起伏变化，因此设计核心任务时应思考如何让学生充分体会时代变化对个人人生的影响。这一核心任务要求学生在不改变时代背景的前提下，想象人生的多种可能性，思考普通人在大时代中的命运变化，确实能够凸显学习对象——《平凡的世界》一书的特色，同时紧扣学习目标，是比较成功的核心任务设计。

最后,教师还应站在学生的角度,思考学生完成这一核心任务时的情境,进一步完善核心任务的设计。只有充分了解学生真实的感受,才能设计出能调动学生积极性、激发学生思维的核心任务。对学生而言,《平凡的世界》讲述的故事发生在几十年前的中国,理解起来有一定难度。此外,这本书长达百万字,学生的阅读压力也比较大。因此,教师应思考如何设计出短时间内能调动学生阅读兴趣的任务。"为《平凡的世界》中的人物设置代入一个变量"这一核心任务,让学生改写书中人物的命运,这样学生更有参与感,也有较大的创作空间。因为书中人物众多、时间跨度长,学生可以结合自己的兴趣、能力,选择从不同的节点为不同的人物代入变量。因此,每个学生的学习结果都是独一无二的。可以说,当学生选择在某个节点为人物代入变量后,他们续写的内容是属于自己的"平凡的世界"。呈现不同的学习成果,有利于学生互相启发、参考,从而加深彼此对时代特点、人物命运的认识。意识到自己的学习成果具有独特价值后,学生会更加愿意投入精力完成核心任务。

总之,通过选定能力标准、把握认知规律、融入文本特色、模拟学生体验等步骤,教师便能打开思路,经过深入思考、反复调适,设计出科学合理的核心任务。这样的核心任务,在带给学生不同体验的同时,能不断锻炼与提升其思维品质。

》张珊

《有理数》单元的"二进制"学习任务

《义务教育数学课程标准（2022年版）》提出，初中阶段，核心素养主要表现为：抽象能力、运算能力、几何直观、空间观念、推理能力、数据观念、模型观念、应用意识、创新意识。

虽然所有的数学课程内容都或多或少体现了学科素养，但找到落实核心素养的良好载体则会事半功倍。例如，初中数学中的《有理数》单元，就是落实"运算能力"的一个特别好的载体。

运算能力主要是指根据法则和运算律进行正确运算的能力。通俗地讲，培养学生的运算能力，就是希望学生通过学习数学课程，掌握数学中一些常见数域（如有理数、实数、复数）的基本运算和运算规律，逐步提升数学运算能力，最终能够有效借助运算方法解决实际问题。

《有理数》单元是学生升入中学后，数学学习的第一个单元。《有理数》单元的学习内容包含有理数、有理数的四则运算以及交换律、结合律、分配律等运算规律。具体而言，《有理数》单元就是将小学的非负数拓展到有理数域。掌握有理数这个新数域所产生的新的运算——负数运算和绝对值，就成了《有理数》单元的重点内容。基于上述理解，我们设计了《有理数》单元的学习目标：理解和熟练掌握负数的运算以及绝对值的运算，并借助数轴辅助运算。

为了帮助学生完成单元的学习目标，在整个单元学习过程中我们采用了常规教学与"二进制"拓展学习任务相结合的方式。

通过常规教学，学生掌握了负数和绝对值的定义及运算规则。学生通过习题演练，能够逐渐熟悉这些新的运算，提升运算能力。但是，对运算能力的培养不仅仅是提高运算熟练度，还包括加深对运算本身的理解。

为了帮助学生加深对运算的理解，我们特别设计了"二进制"拓展学习任务。概括地讲，就是让学生围绕"计算机中的二进制表示和运算规则"进行一系列研究性学习。

能够用来设计任务的数域有很多，为什么要选择计算机中的二进制呢？

首先，二进制是现代电子计算机中使用的数的表示方式。无线通信、人工智能等先进领域都无法绕过二进制的思想，例如，编码中的伽罗华域、神经网络中的激活函数等。

其次，计算机中的二进制能够承载"提升运算能力，让学生真正理解运算"这个学习目标。时下主流的计算机教材偏重编码的操作过程，大多没有从"数域"和"运算"的角度做深入阐释。所以，学生无法直接借鉴现有的资料，只能沉下心来探究"二进制"数域和运算本身。例如，在对负数运算的理解方面，《有理数》单元中用一个小横杠来表示负号，而在计算机中的二进制中（以补码为例），需要用对应的二进制数来表示一个负数。虽然小横杠不存在了，但是负数的含义和相关的运算依旧存在。学生想要完成这个任务，就需要对负数和绝对值的运算有更深层次的理解。

二进制补码对负数的定义很复杂，初一的学生能够理解吗？

如果从有理数域直接迁移到计算机中的二进制补码数域，对学生来说，是十分困难的。我们需要把学习任务拆解为若干难度和认知水平逐渐上升的子任务。于是，我们把"二进制"学习任务拆解成三个子任务。

子任务1：研究现实中由二进制表示的有理数以及二进制的四则运算。

子任务2：研究用于解释计算机编码方式的二进制原码及其运算。

子任务3：探究计算机中实际使用的二进制补码及其运算，尝试研究在二进制表示下的循环数域中的负数运算和绝对值运算的含义。

首先，子任务1，让学生研究普通的二进制表示的有理数域以及二进制的四则运算。二进制表示的有理数域与十进制表示的有理数域的唯一区别是，在十进制有理数域下，数用阿拉伯数字"0"到"9"十个数字表示；而在二进制下，数只用"0"和"1"两个数字表示。设计这个子任务的目的是让学生熟悉用"0"和"1"两个符号表示数。

然后，子任务2，学生需要去研究计算机中的二进制原码以及原码的运算。原码与普通二进制的两个区别是："位数有限"的限定，用"1"代替小横杠表示负数。通过这个任务，学生从研究一个含有无限个元素的数域及其运算上升到研究包含有限个元素的数域；同时，用另一种符号"1"来表示"负"的含义。

最后，子任务3，让学生探究二进制补码以及补码的运算。学生需要在子任务1和子任务2的基础上，探究循环数域中负数运算和绝对值运算的含义。对每一个子任务的探究，我们都要求学生完整体验研究新数域的流程：先研究数域中数的特征，再研究该数域中的运算特征，最后通过设计图形化的工具（如数轴）直观理解运算。

我们将这项拓展学习任务作为课外拓展作业布置给学生，时间为一个月。完成任务的方式是小组合作，学生需要组成不超过四个人的小组来完成任务，遇到困难时，小组成员可以在下午自由活动时间充分讨论。同时，教师也提供一些关于二进制的知识网站链接。学生根据需要自行学习。这能培养学生使用现代化工具以及查询、提取信息的能力。任务结束时，每位学生都要填写"自我评价表"，反思自己的收获。最后，我们会把任务的整体设计思路、背景知识以及学生在完成任务过程中的闪光点进行整理，以讲座的形式与学生分享。

从效果来看，这次任务充分实现了预期目的，学生学会了"如何去研究一个新的数域和数域中的运算"。例如，有的学生深刻地体会到计算机中二进制原码和补码的位数有限的特征和负号的特殊表示形式，仿照《有理数》单元中的数轴工具，设计出"8"字形和圆圈类的数轴来辅助运算（见图2-1）。这些设计在网络上是搜索不到的，需要对二进制循环数域中的负数运算有着深刻理解并加以创造才能完成。

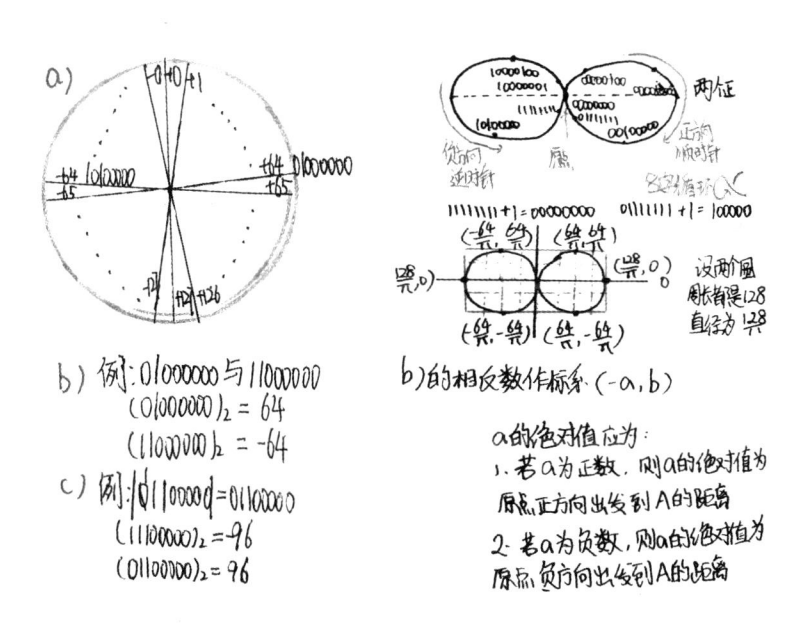

图2-1 学生设计的"二进制"原码、补码的数轴

这次"二进制"的拓展学习任务，除加深了学生对"数域中的数学运算"的理解外，还切实提升了学生的运算能力。学生的数学想象力与创新意识也得到了拓展和发挥。同时，学生的阅读能力、信息检索能力、论文写作能力、团队合作能力等也都得到了全方位提升。

》郑子杰

三个子任务，助力从活动设计走向单元设计

增强青少年的法治观念，是道德与法治学科对学生核心素养的培养目标之一。学校要帮助青少年树立法治观念，养成尊法、学法、守法、用法的思维习惯和行为方式。

作为法治教育的主阵地，道德与法治学科开展的"模拟法庭"活动是落实这一核心素养的重要途径。开展"模拟法庭"活动，由学生来扮演法官、律师、公诉人、被告人等角色，能让学生熟悉庭审的程序和流程，激发学生学习法律知识的热情，引导学生感受法律的尊严和司法的公正。

但是，组织一场"模拟法庭"活动是否就意味着"法治观念"素养真正落地了？一次角色模拟就可以让学生树立法治观念，形成法治思维吗？这些问题促使我们不断反思与探索。我们尝试优化"模拟法庭"活动，从"活动设计"走向"单元设计"。

我们对法律知识单元进行了整合，设计了"法庭审理与司法公正"的大单元教学。

该单元的核心问题是："什么样的情况下，我可能会走上法庭？我

如何判断法庭的审理活动是否公正？"

核心任务是："自编庭审剧本，严格按照庭审流程，完成一次'模拟法庭'庭审活动。"

通过本单元的学习，我们希望学生可以实现以下两个学习目标：第一，学生面对生活中的纠纷，能够依法判断是否可以通过诉讼解决问题，并且能够依据法律纠纷的性质选择恰当的诉讼程序；第二，学生能够合理解释司法程序是如何通过权力制约实现司法公正的，从而能够自觉遵守司法程序，尊重公正的司法裁判，做一名具有法治观念的公民。

我们还设计了一系列子任务来助力核心任务顺利完成。

子任务1：完成线上模拟司法考试，获得"模拟法律职业资格证书"

学生要想完成"模拟法庭"庭审活动，必须熟悉和理解公民的权利与义务，违法行为的类型与应承担的法律责任，民事诉讼、行政诉讼、刑事诉讼的区别等法律基础知识。

以往教师讲授这一部分知识时，多是通过案例进行单一讲解，学生被动学习，效果并不理想。开展线上模拟司法考试活动，打破了这样的僵局。学生只有认真学习本单元的相关法律知识，完成线上题库中的试题，达到一定标准，才能获得"模拟法律职业资格证书"（见图2-2）。这个学习任务激发了学生的学习兴趣，他们积极学习，踊跃答题，以获得证书。

学习能力较弱的小张同学所在小组就只剩下他一人未拿到证书，他非常着急，不想给小组拖后腿。不爱学习的他一改常态，课下主动复习，积极答题，一次不行就两次，直到最终完成任务。孩子的妈妈说，从来没有见到孩子这么主动去学习，感觉老师在课堂上使用了魔力。学生小李说："老师，您颁发的'模拟法律职业资格证书'我会一直保存。将来我要从事律师职业，拿一个真正的证书回来。"这样的学习任务，既调动了学生的学习积极性，又让学生掌握了基本的知识技能，甚至还能影响学生未来的职业规划。

图 2-2　模拟法律职业资格证书

子任务2：观看《庭审纪实》，绘制庭审流程图和庭审现场图

"模拟法庭"庭审活动背后，展示的是司法程序的公正和法律的公平正义原则。只有引导学生熟悉司法程序，理解法官、律师、公诉人等角色在法庭上的作用，学生才能真正理解依法治国方针中的"公正司法"，才能真正树立法治观念。

学生认真观看了一期《庭审纪实》，然后据此独立绘制一份庭审流程图和一份庭审现场图。在这一过程中，学生不断提出问题，然后自己查阅资料、小组讨论，拿不准的地方，学生在征得老师同意后，连线做律师或法官的家长以解答问题。这样的学习任务设计，让老师和学生站在同一个战壕里，共同思考和探讨，切实培养学生的法治观念和法治思维。

子任务3：编写庭审剧本，进行角色扮演和庭审彩排

观看《庭审纪实》后，学生要根据真实的案例编写庭审剧本，并在组长的分工下进行角色排练。

有的学生为了更好地扮演法官，每天对着镜子练习台词，并通过网络检索或请教老师理解台词中的法律术语，确保对法律术语理解的正确性和严谨性。

有个学生为了扮演好律师角色，向当律师的爸爸取经，认真研读法律条文。通过这次活动，这个学生进一步明确了自己未来的职业选择——当律师。

有个学生体验了被告人的角色后，私下告诉老师："当我站在被告人的位置上，听审判长宣读审判结果的时候，我就想以后无论如何都不能违法，这种滋味真的很难受。另外，在庭审中，我特别希望我的律师能为我争取最大权益。"

通过角色扮演，学生真切感受到做一名合法公民的重要性；知道了要珍惜自己的权利，履行义务；他们体会到运用法律知识解决实际问题很重要，法治思维得到提升。

这一由三个子任务组成的核心任务的设计，改变了教师的"教"和学生的"学"。

首先，学生的学习状态发生了转变，进入"我愿意学""我能学会"的积极状态，学习内动力得到激发。

其次，教师身份发生了转变。教师的角色不再是讲授者，而是观察者、指导者、评估者。教师布置任务后，深入每个小组，细致观察

各个小组的学习进展，这在以往的课堂中教师往往无暇顾及。

最后，深度学习在课堂中真实地发生了。学生的学习主动性增强了，提出了一系列有价值的问题，不知不觉中深度学习发生了。

开展"模拟法庭"庭审活动，是我们不断尝试落实学生法治观念素养的一种探索。我们惊喜地发现，只要学生真正愿意投入具有驱动力的学习任务中，积极思考，真正的学习就会发生，教育就能真正生根发芽，核心素养就能落地。

》杨静

从核心任务的进化到学习重心的转移

核心任务的设计十分重要,关涉学习重心的转移。下面是一次有益的尝试。

如何设计能解决核心问题的核心任务

"植物的'生存智慧'"单元属于人教版高中生物学选择性必修1的内容,在确立单元学习目标后,明确了该单元的核心问题:植物的生存智慧有哪些?其调节机理是什么?接下来我们需要确立用以解决核心问题的核心任务。我们第一版的核心任务是:培育穿心莲,分析穿心莲生长发育过程中的调节机理。希望学生以小组形式通过穿心莲培育的四个实验来完成该单元的核心任务。

这样的学习任务设计,虽然体现了生物学是实验课程,具备科学课程应该具有的"科学探究"和"科学思维"属性,而且知识的学习、概念的建立也是通过学生自主探究获得的,但核心任务却不足以解决核心问题。为什么会出现这种情况呢?这是因为培育穿心莲毕竟离学生的生活较远，难以激发他们的学习自觉性。

如何设计能解决核心问题的核心任务？我们一时陷入困境。

我们再次集体研讨、备课时，接到总务主任打来的求助电话，他说在高中楼和教工食堂间有两棵桃树落果严重，看学校生物组老师是否有办法解决。听到这里，我们不禁眼前一亮：这是一个真实的场景，一个发生在校园、发生在学生身边的现象。我们可以把它作为真实的学习任务——把探究桃树大量落果的原因作为核心任务，这样不就可以解决核心问题了吗？于是，我们制定了完成"拯救桃树，还原校园生态"研究报告这个新的核心任务，希望学生通过对落果桃树的观察、分析，剖析落果机理，进而理解植物激素的功能，激素之间是如何相互作用、共同调节植物生命活动的。

活动倡议发出后，学生的积极性特别高，他们开启了寻找桃树大量落果原因的研究历程。

为了对落果现象有初步的了解，学生取回树叶和落果标本，或直接解剖落果，或用显微镜观察害虫的幼虫，或上网查资料，和同学讨论，各种学习活动如火如荼地展开了。

我们惊讶于学生学习的热情和主动性。桃树落果是发生在学生身边的事情，这样真实的情境、真实的研究课题，能更好地激发学生学习的自觉性和主动性。

在学生最初提交的研究报告中，大多数学生提到了果实里面有害虫，认为果实脱落与害虫有关。有的学生还从空气湿度、温度、土壤水分、矿质元素等方面分析害虫发生和细菌侵染的可能性，解读这些外界因素对落果的影响。其实，学生还需要了解有机物的合成与分配、植物激素种类和含量的变化、细胞的分裂等内部因素对落果的影响，更要弄清楚外界因素是如何通过内部因素影响果实脱落的。这是一个复合型问题。于是我们又提出了几个问题：果实的发育和脱落与什么激素有关，这些激素是如何发挥作用的？害虫等外界因素能不能影响激素的种类和含量？如果能，是如何影响的？学生带着这几个问题开始本单元的学习。

我们发现，这种基于真实情境的核心任务更容易激发学生的学习热情，有利于学生持续思考核心问题。但是，这个新的核心任务的设计也存在一定问题。首先，对桃树的问题描述很含糊。这只是一个看见的现象，不是一个学科聚焦问题。果实脱落有很多原因，比如大风、虫害等。这个核心任务具有多样性，而我们的单元学习设计则是单一的，要解决的问题是明确的。其次，桃树落果是一个生活问题，解决的路径既可以是生物方式的，也可以是规划布局方式的，所以它不是指向唯一目标的，具有复杂性。最后，在解决桃树落果问题的过程中，哪些概念、规则和原理会被使用，这并非事先能够确定的；而一个单元的设计则是完整有序的自洽体。所以，这个核心任务是一个结构不良任务；而我们的单元设计却是完善的。

如何在结构不良的核心任务和完善的单元设计之间搭建一座桥梁

首先，我们给学生提供了研究报告的量规（见表2-1）。这个量规用于学生自我评估，指引学生去改进和完善学习过程。研究报告的量规包括现象描述、原理分析、对策建议、缘由阐述、成果预估和风险分析及预案6个评价维度。在"原理分析"维度中，明确提到了利用本单元所学习的植物激素内容来剖析落果的内部原因。量规的使用，能够将核心任务限定在某个特定范围内。

表 2-1　研究报告的量规

维度 \ 级别	优秀	合格	不合格
现象描述	用不少于 2 张图片和不少于 200 字的语言描述桃树所遭遇的问题，包含对植物个体水平、器官水平和解剖结构的深入挖掘	用图片和文字描述桃树所遭遇的问题，包含对个体水平和器官水平的描写	用简单的文字笼统描述桃树所遭遇的问题，仅限于个体水平，没有涉及内部原因
原理分析	利用本单元所学习的植物激素内容，结合初中生物学等知识，用不少于 200 字的语言，对桃树的问题进行生物学分析，剖析产生落果现象的内部原因	利用本单元所学习的植物激素内容和植物生长发育的知识分析桃树产生落果现象的主要原因	仅从植物激素角度对桃树产生落果现象的原因进行解释，没有结合真实发生的其他问题
对策建议	基于原理分析，向总务主任提出不少于 3 条关于"拯救桃树"的对策建议；每条建议从不同角度出发，可实施	基于原理分析，向总务主任提出关于"拯救桃树"的对策建议，建议可实施	基于原理分析，向总务主任提出关于"拯救桃树"的对策建议，建议仅有理论意义
缘由阐述	针对自己提出的每一条建议，用不少于 50 字描述背后的原理和科学依据，要具有信服力，符合生物学原理	针对自己提出的每一条建议，能描述背后的科学依据，符合生物学原理	针对自己提出的每一条建议，能描述背后的科学依据，不完全符合真实情况，有不科学之处
成果预估	用不少于 100 字描述采取措施后能获得的成果，预测桃树来年的生长状况	描述采取措施后能够获得的成果，预测桃树来年的生长状况	不能对采取措施后可能产生的结果做出预测
风险分析及预案	用不少于 200 字分析假设采取措施可能出现的风险，并提出相应预案解决可能的问题	分析假设采取措施可能产生的问题，没有合理的预案来配套	不能对采取措施后可能产生的结果进行预测，不知道可能产生的问题

其次，依据学生的认知特点，我们设计了层层递进的子任务，为学生完成核心任务做好铺垫。在落实子任务的过程中，我们提供了形式多样的学习资源，供学生选择使用，以拓宽学生的视野。同时，提供多种账号，供学生自主检索资源，给学生自主探索学习的空间。

学生的研究成果让我们感到惊喜。梁同学的研究报告超过5000字，很多学生的研究报告都涉及激素作用机理和激素之间的相互关系。同时，学生代表还面向学校总务主任、学科主任、校长做了相关报告。最后，我们把优秀的研究报告结集成册，让学生学习和分享。

教育的进程是缓慢的，教育的转变也不是一蹴而就的。课程的设计需要在评价与修订中不断完善，我们逐渐用学习单元构建课程，记录与积累学生在课堂上的反馈，这将成为未来课程修订的重要一手资料。这样的努力，有助于从教师的"教"转向学生的"学"，进而实现学生的深度学习。

》夏静

用真实的学习任务激发学习内动力

单元式教学与任务式学习是目前我们较多采用的教学组织形式。采用这样的教学组织形式，教师能够根据学生的个性化发展需求将零散的学科知识、教材内容和课标内容进行重新整合，呈现出系统化和结构化的单元设计。学习任务是单元设计的核心，适切、真实的学习任务能使学生积极主动地投入学习中，取得事半功倍的效果。

转变缘由

普通高中通用技术课程，以提高学生的学科核心素养为主旨，以设计学习、操作学习为主要特征，是一门立足实践、注重创造、科技与人文相统一的课程。在我任教的通用技术课程中，《结构及其设计》单元是该课程的核心单元之一。在以往的课堂中，该单元的教学往往是引用贴近学生生活且容易理解的案例来帮助他们理解结构的内涵。为了加深学生的理解，让他们学会迁移应用，课堂上我们会开展制作活动。

比如，吸管塔挑战任务：每组学生使用10根吸管、1卷透明胶带和1个网球限时搭建一个既高又结实的塔，看哪组学生的结构设计既牢又稳。依据韦伯"知识深度"水平分级来审视该单元的学习活动，我们发现这样的活动只停留在较低的"回忆与再现"和"技能与概念"层级。这样的学习活动虽然强调竞争、合作与体验，学生在短时间内能初步理解知识的内涵，但无法达到"问题解决与应用"和"思维迁移与创造"的高层级。因此，学生对该学习任务兴趣低，很难进入深入的学习状态。

转变过程

在"从教到学"的理念转变过程中，我尝试开发了核心任务、核心问题、评估量规、脚手架等。以《结构及其设计》单元为例，我首先基于课标和教材，吃透相关内容要求和学业质量水平要求，然后设计学习任务。对单元核心知识点和重点、难点我虽然驾轻就熟，但如何设计一个好的学习任务，并将单元核心知识整合起来仍然挑战很大。

一个好的学习任务，或许有显著特征，如学生能积极主动地学，能培养学生的高阶思维，能发展学生的核心素养等。反思过去的吸管塔挑战任务，之所以学生兴趣较低，或许是因为任务不具有真实性，没有将课堂所学迁移到真实的生活中，没能做到学以致用。所以，我计划从任务的真实性这一角度出发重新设计学习任务。

真实的任务，源于学生生活中产生的真问题和真需求，要让学生在技术课上制作的作品能真的用得上。任务只有与学生的生活建立连接，才能体现出真实感，才能让学生产生价值认同感和成就感，才能激发他们的学习兴趣和学习内动力，才能形成良性循环。因此，真实的学习任务可以驱动整个学习过程。

基于此，我针对《结构及其设计》单元开发了"为你的亲友设计制作一把瓦楞纸椅子"的学习任务。

椅子是学生每天能够看得见、摸得着且用得上的产品。通过引导学生调研学校不同场合中的椅子，学习其中的结构设计和人机关系设计等学科知识，培养学生崇尚劳动、尊重劳动成果的价值观，从而形成"技术意识"这一学科核心素养。

由于真实的椅子产品体量较大，制作难度高，不适合在课堂中开展，经过调研和亲自制作教具后，我发现可将瓦楞纸作为椅子的制作材料，且加工制作难度适中，适合学生在课堂中制作，因此形成了瓦楞纸椅子设计制作项目。

在设计过程中，学生需要通过调查用户、研究用户，形成用户思维；需要为特定用户量身定制椅子，绘制设计草图和三视图等，从而形成"图样表达"和"创新设计"的学科核心素养。

在制作过程中，学生需要反复权衡材料有限与方案实现之间的关系，需要考虑制作成本、制作周期、项目技术要求等约束条件，需要学会常见材料的加工方法和通用工具的操作方法，从而逐步形成"工程思维"和"物化能力"的学科核心素养。

为了帮助学生完成学习单元的核心任务，我将其拆解为七个层层递进的子任务（见表2-2）。学生通过一步步完成子任务，拾级而上，便可完成核心任务。

表 2-2　核心任务与子任务设计

核心任务	子任务	设计目的
为你的亲友设计制作一把瓦楞纸椅子	1. 了解身边的椅子	• 通过观察、测量和分析真实产品，体会椅子设计中的人机关系 • 体会结构决定功能的内涵 • 对产品中的构件进行受力分析，实现知识技能的迁移
	2. 寻找结构不良的椅子	• 通过寻找结构不良的椅子，将结构的强度和稳定性知识技能进行迁移应用
	3. 选定目标用户，调研他的需求	• 在真实的项目中应用发现问题和调研的方法，学会换位思考
	4. 为他设计瓦楞纸椅	• 根据项目要求和设计需求，综合应用创新设计的方法、绘制图纸的技能、结构设计的知识等提出设计方案
	5. 制作一个小比例模型	• 验证结构设计方案，发现问题并优化
	6. 制作全尺寸瓦楞纸椅	• 将设计方案进行物化，在制作过程中学习材料、工具的使用以及安全的操作规范，形成"物化能力"这一学科核心素养
	7. 测试及优化	• 在实践活动中进行技术测试，体会自己的设计方案中的人机关系 • 优化结构设计，美化外观，提升产品的功能性和美观性

为了使学生明确任务目标，我在项目初期就向学生展示了该项目的终结性评价表（见表2-3），以帮助学生瞄准靶心，直击目标，提升学习效率。

表 2-3　瓦楞纸椅子项目终结性评价表

结构与功能（30分）	创新设计（30分）	经济性（20分）	美观性（20分）
能否承受一位成年人的体重（10分）	是否完全自主创新（10分）	材料成本（10分）	整体设计符合美学规律（10分）
结构的强度：各构件是否变形或损坏（10分）	结构创新（5分）	材料利用率（10分）	涂装方案协调美观（10分）
结构的稳定性：受到外力干扰时是否具有较高的稳定性（10分）	外观设计创新（15分）		

为了约束学生的学习行为，起到正确的导向和激励作用，在学生学习过程中，我提供了过程性评估量规（见表2-4），以帮助学生及时调整自己的学习行为。

表 2-4　瓦楞纸椅子项目过程性评估量规

层级 维度	示范级	合格级	待改进
约束条件（20分）	项目完成度为100%，且满足各项限制条件，20分	项目完成度为80%，且满足各项限制条件，15—20分	项目完成度为50%，且满足各项限制条件，或项目完成度为50%以上，但不满足1—2条限制条件，10—15分
成本控制（20分）	项目完成度为100%，每结余1元，在20分的基础上加1分	项目完成度为100%，结余为0元，加20分	项目完成度为100%，结余为负（即亏损）的，在20分的基础上，每亏损1元减1分
时间规划（20分）	项目时间规划清晰合理，20分	项目时间规划模糊笼统，10分	无具体规划，0分

续表

层级 维度	示范级	合格级	待改进
团队协作与分工（10分）	组内人员分工合理，各司其职，每个人都清楚自己的工作内容是什么，能为团队做什么贡献，10分	组内人员分工有待改进，基本能够各司其职，5分	组内人员分工不合理，不能各司其职，0分
风险评估（10分）	对项目中存在的风险预估准确，能够在过程中及时调控和规避风险，10分	对项目中存在的风险有一定预估，没有很好地调控和规避风险，5分	没有意识到项目中存在的风险，对可能出现的风险没有进行调控和规避，没有风险意识，0分
技术创新（20分）	创造性地提出前人未提出的方案并实现了方案，20分	借鉴前人的解决方案，有部分自主创造，实现了方案，10分	基本没有提出具有创造性、独特性的方案，0分

转变后的学习效果

实施过程中，我们发现学生的学习积极性和主动性被调动起来了。往常课堂上总有少数学生对学习没有兴趣，学习状态不佳，但在本学期的课堂上就没有这种现象了。各组学生不是在讨论设计方案，就是在一起合作制作模型。我们能经常看到学生忘我投入的积极学习状态。

从项目的最终结果——学生的作品来看，每组学生的作品均体现出差异性，具有较强的实用性，图2-3所示就是一把能真正应用到生活中的椅子。

图 2-3 英文主题储物凳

单元练习结束后，我对学生进行了无记名问卷调研，围绕《结构及其设计》单元知识的理解与应用、实际问题的解决等方面设计了调研问题。问卷结果表明学生已经能够较好地驾驭该单元的知识，并在生活中迁移应用。

》王磊

| 第三辑 |

单元重构：
把学习的过程还给学生

　　对大概念的深入理解，对核心问题的持久思考，对核心任务的深度探究，这些都要求教学过程从课时走向单元。

　　大单元教学不是教材章节的机械合并，不是学科知识点的简单整合，而是以落实核心素养为目标，以解决问题为中心，实现学生深度学习的单元学习。

如何激发学习兴趣，开展单元学习

　　教师设计出能有效驱动学生自主学习的核心任务，打磨好以学生为主体的语文学习专题后，如何在课堂中激发并保持学生的学习兴趣，有效落实单元学习任务呢？

　　首先，我们将核心任务告诉学生。核心任务为学生创设了真实的学习情境，而真实的学习情境常常能自然地调动学生的学习兴趣。同时，核心任务符合学生的认知水平、心理特征和情感需要，还具有一定的挑战性，能较好地激发学生自主学习的动力。例如，在初一《西游记》专题阅读单元中，我们设计了这样的学习任务：

　　请你阅读《西游记》，选择一个你最喜欢的故事，用自己的话详略得当地讲给大家听（不要用课件）。然后，经过年级组织的"8分钟故事比赛"，角逐出若干"故事大王"，请他们到学校附近的小学或者自己的小学母校进行故事宣讲。

　　本单元"去小学讲取经故事"的核心任务构建了一个真实的语文

学习情境。学生需要阅读《西游记》，梳理故事情节，分析、比较人物形象，训练自己复述故事的能力，还有机会去小学讲故事，展现个人魅力和风采。

初一学生往往都有强烈的自我意识和自尊心，迫切需要成就感，也有强烈的自我表达、自我展现的欲望。"去小学讲取经故事"这个核心任务很好地抓住了学生想要表现自己、建立自信的心理需求，为学生搭建了一个展现自我的平台。这对刚升入初一年级的学生来说具有较大的吸引力。面对这样一个"具有情境依赖和身份代入特征"的核心任务，学生的学习兴趣和动力被激发出来。

新颖有趣、富有挑战的核心任务一公布，学生脸上都写满了兴奋，个个跃跃欲试。这一核心任务有效地激发起学生深入研读《西游记》的兴趣。

接下来，我们提出与核心任务紧密相关的核心问题，引导学生带着问题去阅读和学习，提醒他们努力将阅读与现实生活联系在一起，逐渐形成合理而独到的见解。

《西游记》专题阅读单元的核心问题为：

我能从这些虚构的故事情节和人物形象中获得哪些启发？

"我少年时读之，老年也读之，越读越觉得有味道，真是百读不厌，我把它看成一部人生教科书……它给人以大眼光、大境界、大省悟、大触动。"曹植芳如此评价《西游记》。经典之所以成为经典，就因为它有无比丰富的内涵，能够带给人无限的思考。我们希望学生阅读《西游记》这部名著时，不仅能从跌宕起伏的情节和鲜活的人物中获得乐趣，而且能不断思考书中的故事情节和人物形象带给自己的启迪，在以后的阅读和生活中，也能不断丰富、深化阅读《西游记》的感受和体验。

为了帮助学生顺利完成核心任务，达成学习目标，我们把核心任务分解成若干明确、具体的子任务。对这些子任务，我们都准备了相关的学习工具，并组织课堂分享活动，以保持学生的学习兴趣。

例如，《西游记》专题阅读单元中除了"话说西游人物"（介绍、比较并点评几个自己最喜欢或最不喜欢的人物形象）、"行者对战妖怪"（分析唐僧师徒和众妖怪两大对战群体的人员特点与战斗力）、班级取经故事会等子任务和课堂活动外，我们还增添了一个"创造《西游记》新人物形象"的子任务，鼓励学生在分析、比较原有人物形象的基础上，发挥想象，创造一个具有原有人物特征又有所不同的新人物，并用自己喜欢的形式（如手抄报、课件）在课堂上向大家介绍这个新人物。这一子任务契合了初一学生想象力丰富的特点，很好地保持了他们的学习兴趣。

除以上子任务外，本单元还添加了一个延伸拓展式学习任务，即仿照《西游记》的故事模式进行再创造，插写一回《西游记》的取经故事。

请同学们两人一组，合作插写一回《西游记》：从小说中找几个故事，分析一下其情节的结构模式，包括如何开头、如何结尾、妖精有何来历、唐僧师徒如何遇到危机、如何解决困难，等等。然后确定插写位置，以你们新创造的人物形象为主角，大胆发挥想象，共同创作一个取经路上的新故事。要求如下：

（1）虚构要合理，人物的表现要符合其性格特征。

（2）故事要生动有趣，和上下回衔接自然，注意设置悬念，有具体的细节。

该任务呼应了之前"创造《西游记》新人物形象"的子任务，激发了学生的写作热情。学生创作的优秀作品汇集成《新取经故事集》，由年级印制。

此外，在学生开始学习之前，我们就给出单元学习整体进度安排和时间节点，鼓励学生在大框架内自主制订学习规划，帮助其安排每天课上和课下需完成的学习内容（见图3-1）。清晰具体的学习规划与明确的子任务、丰富的工具，帮助学生朝着学习目标有条不紊地学习。

19日（周一）	20日（周二）	21日（周三）	22日（周四）	23日（周五）
阅读项目材料，明确学习目标，认识工具和量规，制订学习规划	今天你读了几回《西游记》	今天你读了几回《西游记》	课堂：话说"西游"人物	课堂：发布新人物形象

26日（周一）	27日（周二）	28日（周三）	29日（周四）	30日（周五）
课堂：发布"行者对战妖怪" 课下：以团队为单位撰写申请函，联系小学	今天你该做些什么	课堂：班级取经故事会	课堂：班级取经故事会	"故事大王"招募团队，进行彩排，把成员分成听众、主持人、道具志愿者等各种角色，评估和练习

图 3-1 《西游记》专题阅读单元学习时间节点

总之，教师可以通过设计具有真实情境的核心任务、开放的核心问题、丰富有趣的子任务和课堂活动等，激发并保持学生的学习兴趣；同时，教师应给予学生足够的自主学习空间，帮助他们制订清晰的学习规划，并想法将学生的学习成果作品化，激励他们在学习道路上不断前进。

》何其书

在英语大单元教学中,如何用工具支持学生学习

开展英语大单元教学以来,我们教研组做了很多关于"如何利用工具支持学生学习"的探索。在"校园生活"这个单元中,我们做了以下探索。

首先,根据英语课程标准中提及的技能、策略,结合本单元资源文本类型和特征,我们确定了以下学习目标:①能够提取语篇中校园生活的主要信息;②运用"对比和比较"的方法,概括语篇中的文化现象;③能够对校园生活信息进行"评判和论述"。根据这些目标,我们设计了一个核心问题:"一所好学校是什么样的?"

核心问题是大单元教学的重要工具,通常要求有趣且是开放的,能引发学生进一步追问,继而驱动学生运用筛选、概括、举例、论证等学习策略,寻找解决核心问题的方法。这同时意味着核心问题有别于章节问题,它是整合、统领整个单元学习资源的问题。

接着,依据这个核心问题,我们设计了这样的核心任务:结合文本中不同国家的校园生活,给校长写一封关于"如何让学校变得更美好"的建议信。核心任务旨在让学习目标落地,要求学生用学习目标

涉及的知识技能与学习策略来完成核心任务，解决核心问题，实现学习目标。

写一封建议信看似谁都有话可说，但真实的学习过程却并不简单。首先，有话可说的前提是有一定的事实依据，事实依据来源于阅读积累。我们期待学生能从阅读中提取不同国家的校园生活信息，并运用"对比和比较"的方法进行"评判和论述"。

我们为学生提供了有关五个国家校园生活的五篇文本。这五篇文本不仅涉及五个国家的校园生活，还涉及课程、饮食、住宿、教学技术、文化多样性等。面对庞杂的信息，学生怎么才能获得有效信息并完成建议信的写作？此时，学生遇到的第一个难题是：信息太多，无从下手。那么，教师该如何帮助学生跨越这道门槛呢？我们想法帮助学生。写建议信之前，学生心目中必然有对理想学校的设想，这个理想学校是怎么来的呢？所以，我们先启发学生思考他最关注的是校园生活的哪个方面，并列举出文章中不同国家的做法，然后从这些做法中摘出他欣赏的做法，这样一来，庞杂的信息就被放进了一个个"抽屉"里，不再杂乱无章。

下一步，我们要提升建议信的说服力，学生要陈述他的切身感受和选择理由。如何帮助学生梳理千头万绪和理由呢？通过这个工具"文本信息收集表"，学生首先记录最关注校园生活的某一方面，再归纳文中各个国家关于这个方面的做法，并填入表格中。接下来，依据这个表格，学生就能表达自己的想法。这时，再回到现实生活中看学校的做法，才能客观、理性且有针对性地提出建议。

接着，在批改学生作业的过程中，我们又发现了学生新的问题：提取的对比信息不恰当，概括不准确。比如，学生 A 想对比英国和中国校园的餐饮，但他摘选的信息分别是"英国学生喜欢饭后吃甜点""中国学生有到校外就餐的习惯"。前者描述饮食偏好，而后者描述就餐地点偏好，两者不是一回事，无法进行对比。还有的学生习惯先列举信息，再概括这是什么方面的对比，但他的概括不准确。比如，学生B提取出某组信息，并归纳为美国与日本的"教学技术"对比，但实际上从英语语言准确描述的角度，通过同义词替换，他提取的应该是"技术应用"而非技术本身。如何帮助学生攻克这个难关呢？此时，我们提供了"中英文表达对照表"作为工具，帮助学生识别、归纳英文中容易在翻译中混淆的常用表达，以及原文中同义词替换的方式。可见，在学生学习的过程中，教师需要随时观察学生遇到的问题，及时进行"干预和校正"。

在上述学习工具的帮助下，学生对完成核心任务有了更充足的准备和信心，具备了独立完成一封建议信的能力。然而，我们又迎来了新的挑战。学生C精读文本后，运用工具对文本进行梳理和加工，并结合自己的观点和价值判断，洋洋洒洒写了一封自认为十分满意的建议信，却得到了"满篇红"的反馈。他内心很不服气："我写了这么多，怎么没拿高分呢？"

当学生自评与教师评价不一致的时候，我们如何让学生心服口服呢？答案是再次利用量规。学生虽然在学习之初就拿到了量规，但对量规的理解并不充分，使用得不够熟练。而这恰恰是教师带领学生重新学习量规、认识学习目标的契机。譬如，针对这封建议信，我们从"对比和比较的信息及细节""文章结构""语言组织""逻辑衔接与连贯""语法与拼写"5个维度，设计了5个不同的等级，最终形成25个条目，每个分级条目下都有对该等级的详细描述。量规提供了充分的示例和清晰的标准，就像一面镜子，学生逐条对照，重新评价自己的作品，就会发现自己的作品有哪些优点、存在哪些差距。

为了检验学生是否真正理解了量规，我们又进行了一轮同伴互评。在互评环节，我们给学生提供互评工具，用来凸显量规的关键维度中的四个细节——"罗列论述点""对比与比较""情感态度与说理""用语规范与得体"。通过互评，学生逐一解决了各个困难，受到启发。他们写作的第二稿，相对第一稿质量都有明显提升。

　　学习过程中，学生总会遇到各种问题，针对这些问题，教师要不断探索合适的工具、资源和脚手架，帮助学生克服各种难关。这样，学生不仅能学到知识技能，并且能把这些知识技能迁移到实际生活当中。在年级的微信公众号上，学生自发编辑推送了一期"听说这是你的梦想学校"。我们欣喜地发现，学生在文章中充分运用了"对比和比较"的方法，通过"评判和论述"来描绘自己心中的理想学校，将学科核心素养内化到了真实生活中。

》田靓雯

换一种方式学思想政治

"国家利益是处理国际关系的决定性因素"这一内容,在以往的教学中都是以讲解为主,同时还会对当今世界典型国家的政权特点进行分析。这样的学习虽然能够激发学生的学习兴趣,但是面对真实情境时学生往往陷入困惑中,不知道如何解决问题。再一次学习这一内容时,我想到了"朋友圈"这个工具。一方面,我发现学生特别爱发微信朋友圈;另一方面,"一带一路"的扩大让中国的朋友圈越来越大。于是,我结合当前社会热点,还有学生爱刷朋友圈的实际情况,整合了高中思想政治的相关内容,重构了一个学习单元:"中国的朋友圈有多大?"我希望学生能换一种方式学习思想政治,进而落实学科核心素养。

首先,根据学科核心素养以及课程标准的"内容要求",结合教材的具体内容和学生认知特点,确立了本单元的教学目标。

1. 运用具体实例阐释"国家利益是处理国际关系的决定性因素"。
2. 了解国体、政体及其相互关系,能结合具体国家政权特点理解各种不同政体形式的差异。

其次，将教学目标转化为学生一看就懂的单元学习目标，便于学生理解并促进学生的学习。具体的学习目标如下：

1. 梳理我国与10个国家的外交关系，归纳、概括国与国之间建立外交关系的基础和条件，谈谈对"国家利益是处理国际关系的决定性因素"的理解。

2. 从上述10个国家中选出5个国家，研究其政权组织形式的特点，分析它们在政权组织形式上的异同。

最后，根据单元学习目标设计了学习任务，即"绘制我国与10个国家的亲疏关系图（如雷达图、时序图等）并配以阅读说明书"。当准备工作就绪后，新的学习过程就开始了。

第一次向学生说明学习方式的转变时，我有点儿忐忑不安。一方面，担心学生不接受、不买账；另一方面，又忧虑新的学习方式会不会造成基础知识落实不到位。然而让我意想不到的是，刚一布置完任务就引起学生的热烈讨论。学生对我国的外交关系有着浓厚的兴趣。虽然兴趣浓厚，但学生对如何完成任务还是感到很困惑。在学生迷茫之际，我给出了一个绘制亲疏关系图的工具。

_____说明书

一、我国与10个国家的亲疏关系图（如雷达图、时序图等）

二、图示说明

1. 所选国家的国家结构形式及选择理由（可以是表格、文档格式等）。

2. 该国家的政权组织形式及选择理由（可以是表格、文档格式等）。

3. 该国家与中国外交关系的等级及依据（可以是表格、文档格式等）。

4. 国与国之间建立外交关系的基础和条件（不少于五条）。

学生看到上面这个工具，就知道该怎样完成学习任务、完成到什么程度了。但是在阅读这个工具后，学生对如何选择10个国家感到困惑：是按照地理位置选，还是按照历史渊源选？是从跟我国价值观一致的角度选择，还是从我国未来发展的战略角度选择？在学生陷入困境之际，我又给他们提供了工具、脚手架（见表3-1）。它能够帮助学生在选择10个国家的时候，始终围绕"外交关系"展开，从建交背景、建交时间、关系级别三个方面来确定自己要选的国家。

表3-1 如何选择国家

国家	建交背景	建交时间	关系级别	备注
				中国外交关系的11个级别见附录

附录：中国外交关系的11个级别

1. 全天候战略合作伙伴关系

2. 全面战略协作伙伴关系

3. 全面战略合作伙伴关系

4. 全面战略伙伴关系

5. 全方位战略伙伴关系/战略合作伙伴关系

6. 战略伙伴关系

7. 全方位合作伙伴关系

8. 全面合作伙伴关系

9. 友好／重要／新型合作伙伴关系

10. 建设性合作伙伴关系／战略互惠关系

11. 建交关系

学生思考学习任务时，又提出什么是时序图、什么是雷达图的问题。根据学生的问题，我又提供了相应的学习资源，如时序图、雷达图等的相关知识。对基本概念，学生也提出了疑问，比如，什么是政权组织形式、什么是国家结构形式。对此，我以教师工作坊的方式帮他们理清基本概念和基础知识。

接下来是两周的学习过程。学生根据本单元的学习任务自主制订学习规划，按照自己的节奏安排学习进程；自主阅读教材；上网搜集资料，补充完善所选国家的政治制度等内容。课上，学生需要帮助时教师进行个别化答疑或全班精讲指导；教师或提出问题，引导讨论；或调控节奏，把控单元学习进程。学生在自主安排与教师引导的交替中展开学习。本单元的核心问题"为什么国家利益是处理国际关系的决定性因素"，贯穿学习的全过程，引导学生不断思考。

最后，每位学生都交上了一份凝结着自己汗水和智慧的任务书。

根据任务书统计，我惊奇地发现，在两周的学习过程中，学生共研究了近百个国家的政权组织形式和结构形式。每人又从自己研究的10个国家中选出了5个绘制其政权组织形式和结构形式框架。教材上关于政权组织形式和结构形式的基础知识每个学生都掌握了，之前担心的基础知识落实问题没有发生。这个单元学习结束后，再让学生回看教材，学生纷纷表示教材中的内容特别简单。因为贯穿整个单元的核心问题，是在学生自主归纳、小组讨论、全班达成共识的基础上形成的，因此学生不仅对其记忆准确而且理解得也深刻。

有个学生研究了"圣文森特和格林纳丁斯"这个国家，班上其他同学都不知道这个国家。当被问及为什么选择这个国家进行研究时，这个学生回答说："虽然这个国家还没有跟中国建立外交关系，但是在中国抓捕'百名红通人员'时，该国全力配合抓捕，并且帮助中国向加勒比海地区的国家发出倡议，树立反腐败的意识。根据'国家利益是处理国际关系的决定性因素'这个观点，也许未来两国会建立外交关系。"这样的单元学习打开了学生的视野，让学生站在更高的角度思考问题。

采用这种学习方式，提升了学生搜集、整理信息，归纳、概括等能力。有个学生认为："收获最大的是能力得到了提升。在学习过程中，我大量查阅资料，然后筛选、整合资料，再把整合好的资料和课本上的知识联系起来。这锻炼了我的归纳、概括能力。"

这个单元的学习还促进了学生对"什么是朋友"的思考。有个学生经过学习之后，将自己的朋友圈分为六种类型，并对每种类型进行剖析，给自己制定了选择朋友的四条标准：①价值观一致；②经常见面；③愿意帮助我、爱护我；④相互信任。后来，经过一番甄别，这个学生把精力放在真正的朋友身上，不仅收获了真挚的友谊，而且学习成绩也得到较大提升。

换一种方式学习，换的是教学组织形式，实现的是从教走向学。

》赵继红

在完成大单元学习任务中涵养核心素养

《普通高中历史课程标准（2017年版2020年修订）》指出，历史解释是指以史料为依据，对历史事物进行理性分析和客观评判的态度、能力与方法。培养学生的历史解释素养，有利于学生巩固所学知识，提升理解能力、分析能力、历史思维能力和语言表达能力等。

历史解释素养，并不取决于对现成的历史结论的记忆，而是要在解决真实问题的过程中养成。核心问题驱动下的大单元学习，将学习内容和学习活动问题化，并将问题任务化，以任务链的形式推进学习，使学习过程成为解决问题的过程，能涵养学生的历史解释素养。

本文以人教版普通高中教科书历史必修《中外历史纲要（上）》第一单元"从中华文明起源到秦汉统一多民族封建国家的建立与巩固"为例，谈谈一线教师如何通过实施大单元学习任务，让学生在解决真实问题的过程中发展历史解释素养。

教材该单元叙述了石器时代至东汉时期中华文明的发展历程，课程标准对教学的要求基本定位在学生对历史问题的认识上。为了深化学生对中华民族多元一体的认同，我们设计了本单元的核心问题：中华文明何以从满天星斗走向多元一体?

针对学习过程中学生可能产生的认知困惑,我们按照一定的逻辑结构,对核心问题进行分解,形成了一组逐层递进的任务链:

任务1:探究中华文明起源的特点。

任务2:分析中华文明何以从满天星斗走向多元一体。

任务3:阐释大一统国家建立及巩固在中国历史上的意义。

任务4:如何认识这一时期中华文明的发展趋势?

完成这些任务的过程,也就是学生理解历史、解释历史的过程。这构成了历史解释素养落实的逻辑层次。

课前:建构框架体系,辨别教材的历史解释

我们设计了课前学习任务:学生自主学习,建构框架体系,提出自己的问题。

通过自主阅读教材,学生大致了解了本单元的内容。在此基础上,学生辨别了教科书中关于古代文明的解释,并能概括出"文明一般指一个社会进入国家形态"。这就使学习从一开始便围绕"中华文明"这一主线展开。

框架体系的搭建,使学生初步理清中华文明从起源到秦汉时期的发展脉络,为课上完成学习任务打下了基础。

学生提出自己的问题,实际上体现了他们对教材所叙写的历史结论的分析和思考。

课堂：史论结合，学习全面客观地解释

第一课时（任务1）：探究中华文明起源的特点

教师出示《中国政区图》，指导学生在地图上标示出石器时代重要的文化遗址，引导学生运用"大汶口文化""仰韶文化""龙山文化"等相关历史术语对早期文明进行初步说明。

接着，教师指导学生从文化遗存的数量和分布区域、所体现的生产生活状况等方面，考察早期文明的分布特点，引导学生将史实描述与历史解释结合起来。

最后，教师出示考古学家苏秉琦的文章《关于重建中国史前史的思考》，引导学生就中华文明的多源性与统一性问题谈谈自己的认识。这不仅提升了学生阐释事物的能力，也使他们从历史的角度深化了对中华民族多元一体格局的认识。

第二课时（任务2）：分析中华文明何以从满天星斗走向多元一体

首先，教师指导学生依据教材并结合所学知识，划分中华文明从满天星斗到多元一体的发展阶段，并说明理由。在这个过程中，学生学会了分辨关于夏、商、西周、春秋战国的历史解释，并尝试综合运用考古材料与传世文献解读春秋战国时期是中华文明发展的一个重要阶段。

其次，学生依据教师提供的材料并结合教材，从夏、商、西周等早期国家的政治制度、经济发展、文化状况、民族交融等方面，概括早期国家的主要特征，注重史论结合，论从史出。早期国家的主要特

征为：以部族国家为基础，集权程度不高，管理比较松散，等等。

再次，教师为学生提供春秋战国时期政治、经济、文化、民族关系等方面的材料，让学生依据材料，尝试从相互关联的多个角度，分析战国时期变法运动产生的原因和结果。

最后，教师指导学生从已经学习的具体知识出发，探究新的抽象问题：从早期国家的发展历程中，你发现了哪些促使从多元走向一体的因素？学生迁移所学知识，认识到制度创新、经济发展、文化认同、民族交融等是催生春秋战国时期由多元走向一体的主要因素。

第三课时（任务3）：阐释大一统国家建立及巩固在中国历史上的意义

教师出示材料和秦汉时期疆域示意图，提出四个具有梯度性的问题：

1. 依据材料并结合所学知识，说明秦统一的必要性和可能性。

2. 运用秦汉时期疆域示意图，明确其疆域四至，从政治、经济、思想、军事、交通等角度梳理秦汉时期建立和巩固统一多民族国家的措施。

3. 依据材料并结合所学知识，说明秦汉大一统国家的建立和巩固在中国历史上的重要意义。

4. 依据材料并结合所学知识，从秦亡汉兴的历史中，归纳影响中国古代王朝兴衰的主要因素。

这四个问题的解决，实质上就是要求学生结合所学知识，在尽可能占有史料的基础上，针对秦汉时期大一统国家建立和巩固的过程、原因、意义等问题，尝试验证教科书及学者的说法。比如，学生经过学习，验证了"秦朝能够统一天下是多个要素综合作用的结果"这一论述。这些因素包括：封建经济发展，各地联系密切；诸侯兼并，实现局部统一；战乱促使人民渴望统一；商鞅变法为秦统一提供了条件；秦王嬴政吸引各国贤士；等等。这也让学生体会到要在唯物史观的指导下，全面、客观地论述历史问题。最后一个问题，还训练了学生从纷繁复杂的信息中概括核心要素的思维和能力。

第四课时：学生展示成果，教师点拨升华

学生通过展示自己或小组的学习成果，呈现学习中的问题，也生成了一些新问题。教师对这些问题进行汇总和梳理，有针对性地解决。比如，学生提问："四大文明古国中，为什么只有中国文明从来没有间断过？"教师指导学生运用所学知识加以说明，并深入理解：先秦时期的经济联系、文化认同、民族交融等为后世大一统的局面奠定了基础，也是中国始终能够作为统一国家的共同体屹立于世界民族之林的重要因素。

课后：运用所学知识，尝试给出科学的解释

我们给学生布置了课后作业（任务4）：如何认识这一时期中华文明的发展趋势？

世界历史上，曾出现过罗马帝国（公元前27年—公元1453年）等疆域辽阔的大帝国。但这些靠武力征服建立的帝国虽曾盛极一时，却没有一个能够作为统一国家的共同体而维持下来。而自古以来，我国就是一个多民族共存、共同发展的国家。

请学生结合所学知识说明如何认识从中华文明起源到秦汉时期中华文明的发展趋势。

这实际就是通过真实情境与任务的介入，让学生全面梳理教材知识，形成清晰的历史逻辑，在正确的历史观和方法论的指导下，全面、客观叙述学习收获。

学后反思

从学生的学习效果来看，多数学生能够在大单元任务链的推动下，在解决问题的过程中，逐渐发展历史解释素养。但也有一些学生不大适应这种学习方式。因此，历史解释素养需要长时期通过让学生在真实情境中运用所学知识完成某种任务来培养。

》张美华　贺千红

发现元素周期的"律"：以学习为中心的情境任务

元素周期表是科学领域里权威的标识之一：一张简单的表格用一种漂亮的形式抓住了化学的本质。元素周期表是化学"从微观层次认识物质，以符号形式描述物质"的学科本质的极好体现之一。基于元素周期表，学生能够将零散的化学知识，以更加普遍、全面的逻辑关系进行整合，建构系统化的知识体系和模型化的思路方法，对形成未来发展所需的必备品格和关键能力有重要意义。

"授人以鱼，不如授人以渔"，为了培养学生利用元素周期表这一工具解决实际问题的能力，实现从解题到解决问题，我们没有从元素周期表基本概念的学习切入，而是从解决实际问题的角度切入。通过设计核心任务，我们让学生直接面对需要解决的问题，激发学生的学习自驱力，使其在解决问题的过程中，主动完成对元素周期表的学习、理解和迁移运用。

参考《普通高中化学课程标准（2017年版2020年修订）》和美国 K-12 科学教育中的核心概念思想，围绕"元素周期表和元素周期律"这一单元学习主题，我们将新课标必修及选择性必修相关模块内容融合在一起并确立这一单元的学习目标如下：①能够利用元素周期律，分析和解释常见元素的性质，预测未知元素的性质，或依据目标功能寻找可能的物质材料；②能够自主总结出周期律，建构周期律模型，能够利用周期律预测其他事物的规律。基于学习目标，我们设计了学习任务。本单元的核心任务为制作"创意周期表"，子任务为创作"元素周期表发展简史"海报、R星探秘（R星是为了让学生完成探究任务而虚拟的行星）、异常警报。

创作"元素周期表发展简史"海报

在自然科学的教学中，我们往往注重知识而忽略科学史，这造成学生感受到的自然科学的发展是突兀、偶然和断裂的。为了引导学生树立科学精神，在该任务中，我们要求学生创作海报，介绍元素周期表的发展简史，元素周期律对发现新元素、制造新物质、开发新材料的指导作用，培养学生吸收、分析、整合信息的能力。在海报的评估中，引入"学术规范"指标维度，要求学生进行规范引用，培养学生注重实证、严谨求实的科学态度。

课堂上，扮演讲解员的学生对着图文并茂的海报绘声绘色地讲解，扮演观众的学生认真听讲、频频提问。拉瓦锡、纽兰兹、门捷列夫，不再只是书本上抽象的名字，而是故事中性格鲜明的主角。有学生在听完讲解后感慨："任何真理的发现都不是一帆风顺的，做科学家不仅要耐得住寂寞，还要能经受嘲笑。我未来也想成为门捷列夫那样的人。"这与"科学态度与社会责任"中严谨求实、崇尚真理的深意不谋而合。

R 星探秘：重走前辈的研究之路

元素周期律的建立，经历了从无到有的发展过程，依靠的是众多科学家艰苦的探索。如何设置情境，才能让学生重走前辈的研究之路？经过一番思考，科幻故事给我们带来启发。基于学生对科幻故事的喜爱，我们设置了以下情境：科学家（学生角色设定）携带有限的设备到达太阳系的一个行星（命名为 R 星），利用设备分离、提纯并确定了 11 种元素（分别以星座名称命名）的部分物理性质和化学性质。学生在没有其他提示的情况下寻找规律，组成一张元素周期表，并利用规律预测可能存在的第 12 种元素的性质。

学生完成上述任务的过程，就是自我建构模型的过程。学生根据元素的性质，反复排列、比较、组合，得到一个相对合理的结果。再利用自己总结的规律预测其他物质的性质，在应用中体会元素周期表的功能及价值。

异常警报：对规律和特例的再认识

在科学发展的过程中，规律和特例总是相伴而行，特例也可以通过规律进行解释，元素周期表也不例外。认识规律和特例的关系，有助于学生形成完整的模型认知，揭示现象的本质，增强"科学探究与创新意识"，敢于质疑，勇于创新。

在该活动中，学生通过图书、网络查阅 1～18 号元素的原子半径、化合价、第一电离能及电负性等数据，通过绘制柱状图或折线图比较元素信息，寻找性质关联，整合数据，借鉴数学中研究函数的思路，以图表形式加以呈现。在元素数据处理过程中涉及反常数据的分析，学生需要用所学知识对其进行科学解释。

核心任务：制作"创意周期表"

元素周期表是对元素的重要性质、规律的总结、梳理和呈现，但并不是只有化学元素的性质具有规律性和递变性。因此，未来希望成为科学家的学生，也可以在生活中，在化学以外，发现规律、总结规律，并排列出自己的"创意周期表"。

学生以小组为单位，分工合作，制作一份"创意周期表"，撰写使用说明书并拍摄解读视频，解读规律以及如何利用规律预测未知事物。学生创作了诱人的零食周期表、有趣的FIFA（国际足联）周期表、严谨的铁路周期表等（见图3-2）。每个小组还为周期表的使用配上了相应的视频。

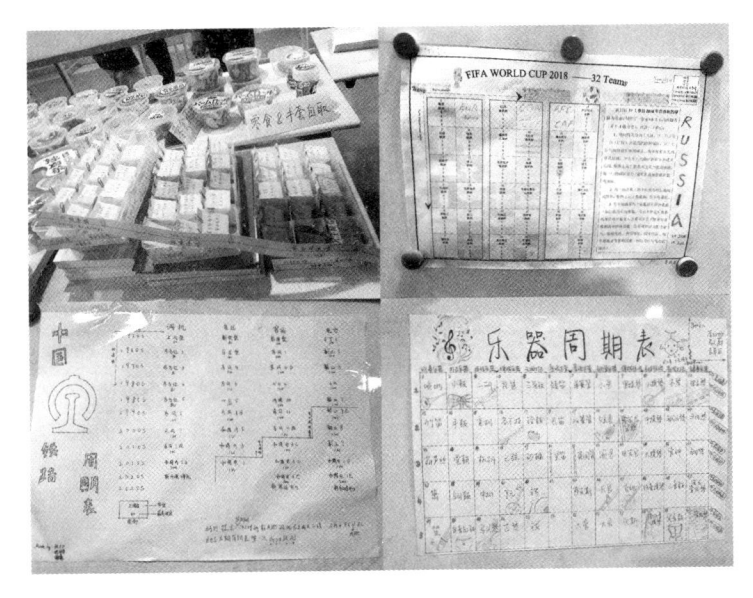

图3-2 各种"创意周期表"

核心任务既是对元素周期表相关知识的迁移应用，也能够促进学生对周期律的理解，引导学生主动在学习和生活中观察、分析、总结规律。核心任务在一定程度上能够支撑学科核心素养的发展，但与化学的相关性较弱。我们在后续设计中进行了改进，引导学生在"位置—结构—性质"概念指导下进行创意周期表方案设计和小组展示，将学生活动的重心转为对周期律的深入思考，以及"位置—结构—性质"核心概念的形成。

两周的学习很快就结束了，但学生对学习任务的讨论和对"律"的发现与理解还在继续。我们以学生的学习为中心，基于真实情境构建的学习任务，充分引起了学生主动探究的欲望，使他们发现了学习的意义和乐趣。在完成任务的过程中，学生自己规划自己的学习，寻求适合自己的学习方式与路径，通过总结规律、发现新规律、预测性质等实现知识的迁移应用，逐步实现了化学学科核心素养和跨学科综合能力的发展与提升。

》郑弢　彭了

子任务设计助力从教走向学

我希望学生通过学习"漏版年画"这个单元,能够从传统的五色年画切入,并结合自己的生活经历和兴趣,以及对社会的观察、思考,为自己家创作一件年画作品。这件作品也是本单元的核心任务。我还确定了三个子任务,通过子任务的进阶,帮助学生完成核心任务,从而实现单元目标。

子任务1:完成一份设计方案

年画作品具有一定的文化寓意,或祈福纳祥,或驱邪避灾,或招财进宝,或平安喜乐,都有不同的主题和元素。在为自己家制作一张年画时,需要进行前期调查,充分了解家人的兴趣爱好、对未来的憧憬以及有哪些美好的期待等。确定作品元素后,再结合传统五色观与象征含义,完成设计方案,即年画作品要用什么元素和色彩,表达什么样的主题和寓意。

在完成子任务1时,我给学生提供了一个工具(见表3-2)。我希望学生利用这个工具,与家人充分沟通交流,了解家人的职业、喜好和忌讳,进而了解自己的家庭文化和家风。

表 3-2 家庭成员情况调查

	职业	喜好	忌讳
爸爸			
妈妈			
爷爷			
奶奶			
姥爷			
姥姥			
……			

为了帮助学生完成这个表格,我给他们提供了有关年画发展史的资料。比如,在西汉时期,年画形象是《山海经》中把守鬼门的神荼、郁垒。到了唐代,与唐太宗玄武门事变有关,年画形象变为秦琼、尉迟敬德。学生经过自主查找资料,发现明清时期年画中的童子形象与当时祈福求财、求子的社会风气有关;民国、抗日战争时期军民合作的形象与当时救亡图存,鼓舞抗战斗志的社会背景有关……可见年画形象受当时的文化、社会风气影响。这种方式能激励学生认真完成表格,充分了解自己的家庭文化与家风,不断将历史文化迁移到今天年画的立意表达上。

调查发现,学生家庭成员的职业是多样化的。我给学生提供了一种思路:如果家长是商人,可以把年画形象置换成范蠡;如果家长是医生,可以置换成华佗或张仲景;如果家长是教师,可以置换成孔子或亚里士多德；如果家人都喜欢听音乐，背景可以添加一些音符与旋律的元素；如果有家人对桃子过敏，那么画面中就不要出现我们一般认为代表福禄寿的桃子……每个家庭的具体情况不同，由此确立的主题元素也不同。

确定好主题元素后，再结合色彩进行艺术的转化和表达。我给学生提供相关资料：如传统五色的概念，黑、白、红、黄、蓝所对应的器物，如蓝色对应青花瓷，白色对应白玉等；五色的内涵，如京剧中红脸代表忠勇，白脸代表奸诈等。我还给学生提供脚手架。如果学生想了解一种颜色，可以从资源包中找到所对应的器物，了解其文化内涵和象征含义，然后应用于实践。了解五色的象征含义，能帮助学生更好地表达自己的立意。

我还提供了这样的工具（见图3-3），用于分析年画中的色彩比例，包括年画用色中喜与避的讲究和原因。希望学生通过对这方面的探究，把色彩比例、搭配、倾向也运用到他们的年画制作中，更好地完成子任务1。

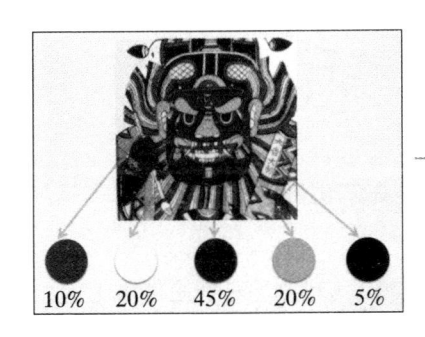

图3-3 用PS软件工具分析年画中颜色的构成比例

子任务 2：根据设计方案进行分版、套印，制作年画作品

完成设计方案后，就要进行制版实践。

我先提供一个工具（见图 3-4），帮助学生了解漏印版画的专业套印技法。先进行分版分色处理，然后把相应的色版对准相叠，形成作品。用这种拆解与重组的方法讲解套印，可以锻炼学生的抽象思维与逻辑思维。

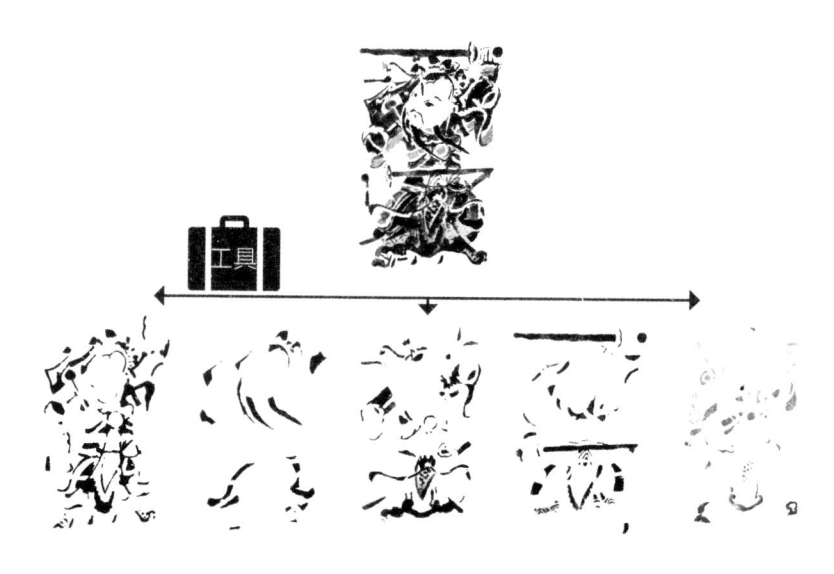

图 3-4　漏印版画的专业套印技法

接下来，学生进行制版实践，从拓稿、分版、刻制主版和色版入手。在实践过程中，他们肯定会遇到各种各样的问题。针对这些问题，我提供了相关工具，比如，学生不会刻时，让学生反思拿刻刀的手法和刀法组织是否出现了问题。我还提供了一分钟了解漏版的小视频，让学生看是不是工具、材料出现了问题。我在课下给学生录制了微课

视频，学生可以反复观看，制版过程中如果出现问题，可以有针对性地进行自我校正和调整。

版画完成后，学生按照量规（见表3-3）进行分享交流，通过自评、互评和师评等了解自己作品的亮点与不足，进而不断优化、完善作品。

表3-3 漏版年画评估量规

等级 维度	大师级	入门级	学徒级
立意	能够充分跟家人沟通，了解自己的家风，传承一种家庭文化，确定作品元素，作品体现文化创新	跟家人进行沟通，了解自己的家庭文化，确定作品元素，作品具有一定的文化立意	不能跟家人进行有效沟通，作品立意流于表面，作品元素模糊，不能体现一种家庭文化
色彩	能够掌握传统五色的文化内涵，运用传统五色进行色彩搭配，具有审美倾向	能够掌握传统五色所代表的器物，作品体现传统五色观	不能够掌握传统五色观，作品色彩搭配混乱，不具有审美倾向
制作	制作精美，分版明确，套印清楚，有三到四层色版，无错版重影现象	制作一般，分版清楚，有两到三层色版，基本无错版重影现象	制作粗糙，进行单色漏印，无分版设计，出现错版现象

子任务3：为自己的年画作品写一份说明书

作品说明书可以从制作、色彩和立意等方面阐释。例如，制作方面，表述如何掌握漏印版画的技术要领和方法步骤；色彩方面，能够领悟传统五色的文化内涵，并运用传统五色进行色彩搭配，具有审美意识；立意方面，体现出如何与家人充分沟通，了解自己的家风，传承家庭文化，体现一定的情感性。

每位学生都会交上设计方案、作品以及作品说明书。比如，从作品说明书中我了解到有位学生的父母很喜欢挣钱，家里经济条件很好，所以她用百财的谐音"白菜"作为年画主题。但这不是她真正想要的，她感觉家里缺少爱情和亲情，所以又用绿、蓝两种冷色去表达这种情绪。她在作品中用鸳鸯代表爱情，用贝壳代表亲情，因为贝壳和宝贝都有一个"贝"字，寓意亲子关系，表现得非常充分（见图3-5）。

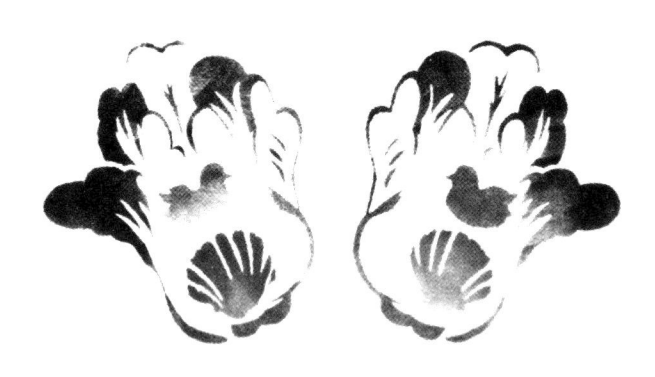

图 3-5　一位学生的作品

这也让我更加关注这位学生，课下找她聊天，教她如何缓解不良情绪。作为老师，我们不应该只教学生知识和技法，更重要的是帮助学生健康成长。

通过这个单元的学习，学生很好地实现了预设目标，五色运用、漏版都做得很好，版画寓意也很深刻，还促进了学生与家人更好地沟通、交流。学生要完成核心任务和调查表格，就得好好与家人聊天，了解他们的喜好和忌讳。有家长反馈孩子跟他们做完调查后发生了很大变化，孩子更愿意和他们沟通交流了，这让他们很感动。

这样的单元学习，改变了之前艺术课以讲授艺术知识和培养实践技能为主的教学方式,把课堂真正还给了学生,这切实激活了学生的自我学习系统,让他们结合自己的生活经历和兴趣点,充分表达个性化的感受,实现了从教走向学。

》崔德政

| 第四辑 |

学习工具与学习资源：
学习发生在哪里，工具、资源就出现在哪里

  学习工具要以支持学生学习为目的，助力学生完成学习任务。一切能帮助学生实现学习目标、解决问题的人员和材料都是资源。立足学生的发展，落实核心素养需树立一个"更大"的资源观。

  学习工具、学习资源要形式多样，种类丰富，以支持学生个性化学习。

量规：重要的学习工具和资源

在基于标准的学习单元设计中，教师要研读课程标准，确定单元学习目标，设计适切的核心问题与核心任务，激发学生的学习动力，再提供恰当的工具、资源，帮助学生拾级而上，解决核心问题，完成学习任务，最终达成学习目标。对老师来说，学会设计量规是一门必修课。同时，量规能帮助学生更好地制订学习规划，使他们能借此调控自己的学习进程。

什么是量规

量规，即评估量表，是一系列用来描述学生学习表现质量的标准。它有两个关键词：标准和描述。标准就是用来判断或评估学生学习进程或作品的原则；描述指的是在各个标准等级下对学生表现的描述。量规的横向代表不同等级之间的区分度，纵向代表独立而明确的维度，每个维度等级下是对标准的具体描述。教师要能够根据具体描述，了解和判断学生在各个维度的表现质量，然后加以调控和指导。

一般来说，量规有三个类型。一是整体型量规。此类量规综合应用整体标准对学生学业质量进行全面评价，如中考、高考、学段考试等。二是常规型量规。此类量规用于评估一类任务或能力，可迁移到指向一类能力的不同任务。表4-1是我校高中生物教研组设计的关于小组合作学习的常规型量规。只要涉及学生小组合作，共同完成学习任务的学习行为，无论哪门学科、具体什么课题或任务，都能用它来进行评估。三是具体任务型量规。此类量规只用来评估某一次具体任务，不能迁移到对其他任务的评估中。目前，在大单元教学实践中，我校教师使用较多的是常规型量规和具体任务型量规。

表4-1　小组合作学习量规

等级 维度	优秀级	合格级	改进级
组长领导力	组长非常清楚小组的学习任务，能激发团队成员的积极性；及时发现团队成员使用的好方法，优化过程；超预期完成任务	组长清楚小组的学习任务，始终关注成员之间的分工、协作；能协调可能出现的问题；确保完成任务	组长领导力不足；不能有效组织团队成员通过分工协作完成任务
分工与协作	每位成员清楚小组的学习任务，也清楚自己的任务和其他成员的任务；每位成员都时刻关注任务的进展情况，并及时做出调整；成员之间配合默契	每位成员清楚小组的学习任务，也清楚自己的任务；团队成员之间能相互帮助，互相补台，互相启发	分工不明确，存在"打酱油"的现象；缺乏合作，存在各自为政的现象
规划与效率	成员之间充分研讨小组任务，明确任务之间的关系，形成合理科学的小组规划表；每位成员都能有序地完成各自的任务，使小组工作更加高效、快捷	每位成员都清楚小组的学习任务，能做出小组的规划；每位成员都能在规定的时间节点完成各自的任务	不清楚小组的学习任务，缺乏统筹和规划，不能在规定时间完成任务

量规的设计与使用

在学生学习的过程中，量规可以帮助学生进行学习规划，达成学习目标，同时可以帮助教师了解每个学生的学习进程，满足他们的学习需求并适时调控。下面以高二英语"记叙文写作的提高"这一学习单元为例，来谈一谈量规的设计与使用。

学习目标：

1. 阅读文本，从要素、开头、人物、场景、发展和结尾六个维度，分析文本写作特点以及妙处，发现英语记叙文写作提高的方向。

2. 运用英语记叙文写作基本方法，改进自己的记叙文，使其在某个或某几个维度上有所提高。

核心问题：如何提高英语记叙文写作水平？

核心任务：以 A person/an event that makes a difference in my life（一个对我有影响的人或一件对我有影响的事）为题写一篇记叙文，并从不同维度改进自己的文章，使其在初稿的基础上有所提高。

根据记叙文写作的基本要素，教师设计了一份具体任务型量规来评估学生的作文（见表 4-2）。在单元学习之初，教师就将这份量规呈现给学生，让学生清楚记叙文写作应包含这六个维度。更重要的是，通过阅读每个维度等级下的具体描述，学生会清楚具体怎样开头以及人物、场景等如何描写是被期望达成的样子。学生参考这份量规，可以更好地解决只知道要素却不清楚如何下笔去写、写成什么样的问题。例如，在"发展"这一维度上，根据量规，学生清晰地知道，写记叙文需要有情节发展线，有逻辑地将开头、发展与结尾串联起来，先埋下一个问题，随着写作展开，最终解决此问题。这样写出的文章就不会散乱，一定会是有主题并环环相扣的。

表 4-2　记叙文写作评估量规

等级 维度	待改进	达标	优秀
要素	缺少要素	要素齐全	要素齐全且安排得当
开头	缺乏场景描写、人物描写或引子，平铺直叙，不吸引读者	有场景描写、人物描写并设置引子	有场景描写、人物描写并巧妙设置引子，以吸引读者
人物	人物描写单一，人物形象不清晰	有对人物外貌、性格、动作和情感的描写，使人物形象清晰	巧妙描写外貌、性格、动作和情感，使人物丰满生动
场景	未交代故事发生的时间和地点	交代故事发生的时间和地点	交代故事发生的时间和地点且能烘托故事气氛
发展	情节发展线模糊或不完整，没有"问题—解决"的模式	有完整的情节发展线，包括开头、发展、结尾，符合"问题—解决"的模式	情节发展环环相扣、逻辑清晰，包括开头、发展、结尾，符合"问题—解决"的模式
结尾	结尾随意，未解决矛盾	结尾解决故事矛盾	结尾解决矛盾并起到以下某种作用：升华主旨，首尾呼应，设置悬念，激发想象，出人意料

由于单元学习伊始学生就见到了评估量规，学生自然会在下笔写作前通盘考虑并认真组织他们要写的故事，仔细考虑如何塑造人物，怎样突显主题。这就仿佛给学生安上了自主学习的发动机，开启了学生的自我学习系统。这样也避免了学生写完、教师评价完才知道文章哪里写得不好的问题，能大大提高学习效率。

由于学生在初中就初步学习过英语记叙文写作，所以高二再学时，教师把学习目标定位在"提高记叙文写作水平"上。利用量规，学生明确了可以从哪些维度提高，以及具体写什么就能提高。但仔细观察会发现，此量规评估的是学生的最终作品，更多关注的是成果而非提高的过程。可见，只设计这样一份对学生作文终稿质量进行评估的量规是不够的。于是，请教专家后，我们又设计了以下围绕"写作提高"的形成性评估量规，希望还原提高写作水平的过程，让学生看到并反思自己是如何提高写作水平的（见表4-3）。

表4-3 提高记叙文写作水平的过程评估量规
（我提高了吗）

等级 维度	待改进	达标	优秀
起步	我不清楚作文初稿的缺陷或不足，也不知道哪些学习资源对我有帮助，都需要老师的帮助	我能够发现作文初稿的缺陷或不足，能够找到关于改进不足的路径与方法的学习资源，但有时候自己吃不准，需要老师帮忙确认	我非常清楚作文初稿的缺陷或不足，不需要老师的任何提示，能够利用学习资源找到改进不足的路径与方法
进程	针对每一项缺陷或不足，我不知道该用什么样的工具来尝试改进，我需要老师的帮助，并且很难沉淀为学习经验	针对每一项缺陷或不足，我能利用老师提供的工具自我改进，但只用其中的一种方式来尝试，进而积淀为一条学习经验	针对每一项缺陷或不足，我都能利用老师提供的工具自我改进，并能尝试用其中的多种方式进行多次改进，进而积淀为可以举一反三的学习经验
结果	听老师说我才知道自己的作文提高了，我还不清楚是哪些方法让我的作文获得了提高	我知道改进后的作文比原先的更好，也能够描述这样的提高是怎样发生的，但还无法提炼出几条方法并与同伴分享	我非常清楚改进后的作文比原先的更好，也非常清楚我用了哪些方法让作文得到提高，而且我可以把自己的经验分享给同伴

这份量规，既关注学习结果，也关注学习过程，可以帮助学生更清晰地还原提高过程和明确未来发展方向，学生还可以利用量规进行自我评估和同伴评估。

比如，王同学针对人物情感描写这一方面，做了重点学习和研究，他的写作水平提高主要体现在，学会了利用人物情感描写来帮助塑造更立体的人物，并提高文章的可读性。再如，一位学生在反馈中写道："我学习到的最重要的一点是，写作文要有写作目的。只有知道要去表达什么，我才能始终让人物描写和场景设置处于正轨。我认为我的写作水平提高主要体现在人物描写方面。通过外貌描写，我能够把人物塑造得更真实。"

编制量规的原则

通过本单元的实践，我们对量规的设计、使用和作用有了更深入的了解，并总结出编制量规的四条原则：

1. 量规各个维度等级下应该是对学生的学习过程或结果的具体描述。
2. 量规的设计要围绕学习目标。
3. 在单元学习的开端就把量规呈现给学生，让学生清楚完成学习任务的标准，从而知晓自己的水平和努力方向。
4. 量规的设计要服务于核心任务，要贯穿整个学习单元，持续关注学生的成长轨迹。

综上所述，使用量规能够更好地满足学生的多元发展要求，帮助教师将关注点从学习结果转移到学习过程上来，确保教师以标准、目标为中心，而非以任务本身为中心。量规既能指导教师的教，也能指导学生的学，能够保证指导与评估的一致性。量规就像一座桥梁，将教师所观察到的（学生作品、学习证据等）和对学生学习进程的判断连接起来。

》沙莎

如何帮助学生完成自主学习

中学物理课程是自然科学领域的一门基础课程。根据高中物理课程标准，物理课程的基本理念之一，就是引导学生自主学习，提倡教学方式多样化；通过创设学生积极参与、乐于探究、善于实验、勤于思考的学习情境，培养和发展学生的自主学习能力。

近年来，北京市十一学校物理学科的努力方向，就是将物理课程从教师教转变为学生主动学。支撑这一转变的，是教师对课程内容的科学重构和精心设计，以及提供的一系列用来帮助学生完成学习过程的工具与脚手架。

下面以北师大版物理八年级下册第七章《运动和力》中的"弹力"这一内容为例进行介绍。关于"弹力"这一内容，学习目标如下：

1. 理解力的概念和力的作用效果，知道力的三要素、力的单位，会画力的图示或示意图。
2. 会使用弹簧测力计或力传感器，理解相互作用力的概念和特点。
3. 理解弹力的概念以及弹力与形变的关系，会进行实验研究并归纳出胡克定律。

有了具体的学习目标后，不能盲目实施，我们需要考虑如何测评学生是否达成以上学习目标。基于物理学科的核心素养，除了可以通过笔纸测试来测评学生的物理观念和科学思维外，还应该通过实际的实验操作，来测评学生的科学探究能力。因此，我们对学生的测评方式包含以下几种：思考并回答概念性问题，实验设计与操作，处理实验数据，做检测题。

为了实现上述学习目标，我们设计了学习任务：阅读教材以及相关学习资源，小组合作自制一个弹簧测力计，并完成研究报告。

弹簧的弹力是一种较为简单的弹力，满足胡克定律，物理教学中通常要求学生测量弹簧弹力与形变的数据，以此来计算弹簧的劲度系数。弹簧测力计也是中学常见的测量作用力的工具。我们希望学生通过小组合作的方式自制一个弹簧测力计。为完成这一学习任务，学生不仅需要掌握弹簧弹力的基本性质，通过实验测量弹簧的劲度系数，而且要做到学以致用，自行设计并制作实物，从"结构—功能"角度深入理解弹簧测力计的工作原理。最后，对自制测力计进行校准，体会实际测量工具与物理模型的区别。

此学习任务源于生活实际，具有开放性，学生可以根据自己的喜好来设计不同样式的测力计，并将学习成果用于实验测量，从而解决实际问题，因此具有较好的驱动性。同时，实验操作有助于培养学生的实验技能和科学素养。

为了帮助学生理清思路，我们对任务进行了拆解以引导学生完成任务。

1.提出问题：同学们已经使用过盒式弹簧测力计，如果我们想自制一个弹簧测力计,该如何进行?

2. 观察结构:请同学们仔细观察弹簧测力计,然后画图说明它的基本结构。

3. 分析工作原理:请同学们根据弹簧测力计的基本结构,分析它的工作原理。

4. 实验室为同学们提供量程为5N的弹簧,但弹力与弹簧伸长量的关系未知。请大家通过实验探究该弹簧弹力与伸长量的关系,即测量劲度系数。(子任务1)

5. 根据弹力与弹簧伸长量的关系,制作读数面板,并制作外壳。(子任务2)

6. 对做好的弹簧测力计进行校准。(子任务3)

我们还为学生提供了以下学习工具。

一是"弹力与弹簧伸长量的关系"探究工具:弹簧实验数据记录表(见表4-4)。

表4-4 弹簧实验数据记录表

弹簧原长 $L_0=$

序号 项目	1	2	3	4	5	6
弹力 F/N						
弹簧长度 L/cm						
伸长量 x/cm						

二是弹力 F 与弹簧长度 L 图像(见图4-1)以及弹力 F 与弹簧伸长量 x 图像(见图4-2)。

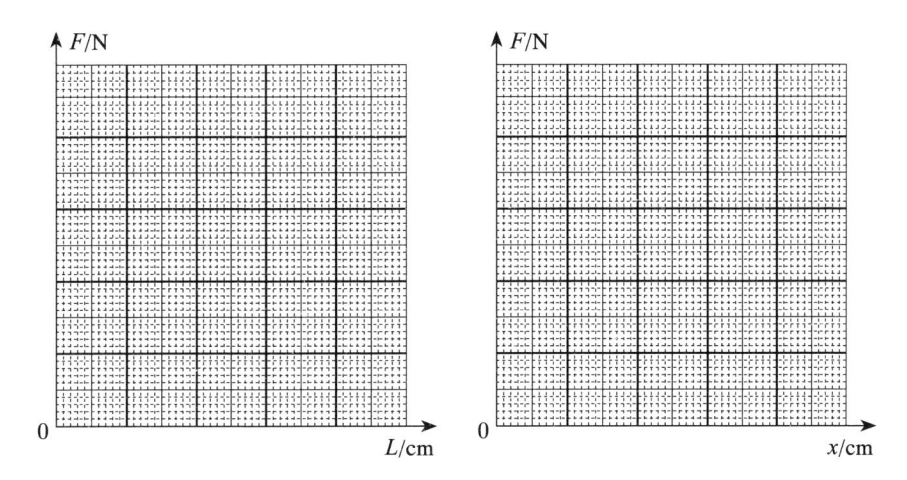

图 4-1　弹力 F 与弹簧长度 L 图像　　图 4-2　弹力 F 与弹簧伸长量 x 图像

弹力 F 与弹簧伸长量 x 的关系为_____。

三是"自制弹簧测力计校准"表（见表 4-5）。

表 4-5　"自制弹簧测力计校准"表

序号	测量值 F/N	标准值 F/N	绝对误差	相对误差
1				
2				
3				
4				
5				
6				
7				
8				
9				
10				

误差分析：

四是"自制一个弹簧测力计"报告模板（见表4-6）。

表4-6 "自制一个弹簧测力计"报告模板

班级：_____ 组别：_____ 组员姓名_____
一、弹簧测力计的基本原理与设计图。
二、测量弹簧的伸长量与外力的关系：利用相关工具测量未知弹簧劲度系数 k。
三、设计并制作弹簧测力计。
四、校准自制的弹簧测力计。
1. 设计合理且可行的校准方案。
2. 利用相关工具完成校准过程。
五、实验的反思与改进。
1. 经过校准发现自制的弹簧测力计存在哪些问题？
2. 问题产生的原因是什么？
3. 如何改进？

当然，必不可少的还有"自制一个弹簧测力计"评估量规（见表4-7）。

表4-7 "自制一个弹簧测力计"评估量规

等级 维度	优秀	合格	待改进
研究报告的规范性	内容完整，格式规范，美观清晰	内容完整，某些部分格式不规范，报告总体清晰	内容不完整，某些部分格式不规范，无报告或报告不认真，字迹潦草
小组合作	分工明确而合理，成员各司其职，成员间交流高效而顺畅，团结协作完成实验	分工明确，每个人基本都能完成各自的任务，成员间沟通顺畅，能够完成实验	无明确分工，有无所事事的成员，组内交流不顺畅，没有合作，无法完成实验
实验操作	能正确使用仪器，读数方法正确	能正确使用仪器，读数个别有错误	不能正确使用仪器，不会读数或读数错误
数据分析	准确翔实，格式规范，画出的图像正确并能清晰反映物理过程	数据准确，格式不够规范，图像存在错误	编造数据或无数据，图像错误或无图像
作品或成果	自制的弹簧测力计外壳功能合理，美观大方	外壳能正常工作，不够美观	未完成外壳制作
校准	校准方案科学合理，校准数据准确翔实，并有相应的误差分析	校准方案合理，数据准确但不足，误差分析存在少量错误	无校准，或校准方案不合理，校准数据错误，无误差分析或误差分析错误

同时，为学生提供相应的实验器材：5N螺旋弹簧、铁架台（含铁夹）、钩码、弹簧测力计、硬纸板、剪刀、美工刀、胶带等。

学生用3课时左右的时间来完成这一学习任务，教师通过量规对学生进行学业评价。在学习实践中学生完成的典型情况如下：

在图 4-3 中，学生的校准数据明显修改过。这是因为小组学生在第一次完成实验后，教师发现存在错误，学生经过修改，得到了正确的数据。这表示学生已经掌握实验技能，因此最终得分为满分。

在图 4-4 中，小组学生圆满完成了实验任务，获得满分，而且学生自制的测力计充满童趣，说明学生对该实验任务很喜爱。

还有小组发挥想象力，将自制的测力计做成大象形状，或者是制作为组合式测力计，这些都说明我们设计的学习任务很受学生欢迎。

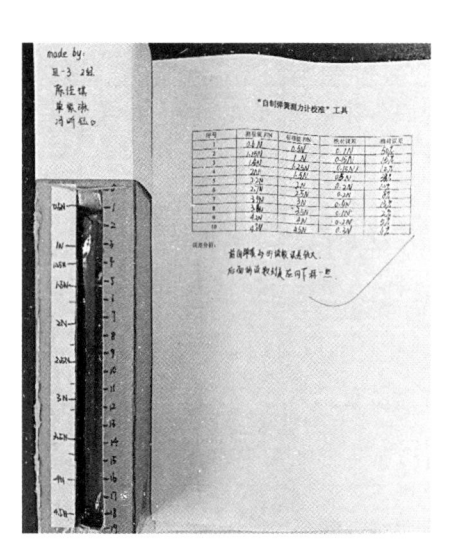

图 4-3　小组 B 完成情况　　　图 4-4　小组 C 完成情况

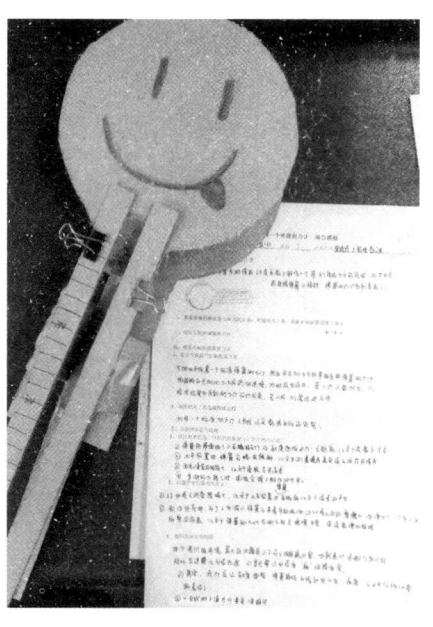

通过对学习目标的转化、学习任务的开发、评价方式的设计，我们将物理课程从"教"转变为"学"。在此过程中，教师从主讲人慢慢转变为设计者、引导者和协助者，从而将学习的过程还给学习的主体——学生。学生在此过程中，被学习任务吸引，发挥主观能动性，实现了自主学习。

当然，我们面对的学生是多种多样的，不能一概而论。有些学生非常适应这样的学习过程，而有些学生则需要教师的引导和帮助，因此，在从教走向学的过程中，教师的作用实际上是被强化了。

》梁朔

科学探究：地震中的高楼生存密码

科学探究是物理学科核心素养的重要内容，它既能帮助学生深度学习物理理论，又能提高学生的科学探究能力。因此，在物理教学中，我们非常重视设计科学探究任务。

学生提出科学探究问题、形成猜想和假设、抽象建模、设计方案、获取信息、基于证据得出结论并做出解释、撰写论文，在这样的过程中增强物理学习兴趣和独立解决问题的能力，培养物理学科核心素养。

科学探究任务侧重真实情境，不过，通常真实问题也是中学生难以直接研究的问题，教师要帮助学生将真实问题转化为可探究的任务。

台风过境中国沿海，尹同学产生疑惑：中国台北的101大楼如何能在台风或地震等自然灾害中巍然屹立？这是一个典型的真实情境中的问题，教师可以借此引导学生抽丝剥茧，通过开题答辩的方式，形成科学探究任务。

首先，我给学生提出一系列具体问题：高楼稳定系统的机制是什么？影响稳定机制的关键因素有哪些？这些因素的主次顺序是什么？这些因素中哪些是和已学过的物理知识相关联的？本次科学探究任务中，你计划研究哪些因素？

这样，学生在解决问题的过程中就可以逐渐理清思路，确立研究方向，聚焦研究内容。

其次，组织学生开题答辩。在探究过程中学生发现 101 大楼第 89 层楼悬挂着调谐质量阻尼器——一个巨型的单摆，这是整个高楼稳定性的保障。学生对单摆已经非常熟知，最后选择研究调谐质量阻尼器的摆长和摆球质量对高楼稳定性的作用。这样一个真实情境中的问题就转化为可探究的物理任务了。

摆在学生面前的第一个问题是高楼的稳定性用什么物理量描述。学生检索到很多碎片化信息，信息之间、信息与学生高中学过的相关内容有些脱节，影响学生深度学习和理解调谐质量阻尼器的原理。

我根据学生搜集到的相关信息，引导学生理清这些知识的脉络，即信息的逻辑联系，以及它们与学过的振动知识的关联。对信息之间断层的情况，我推荐学生阅读一些相关图书或观看著名大学的公开课视频。然后，我们一起讨论，找到描述高楼稳定性的物理量。整个过程中，我引导学生自主学习，为学生提供必要的帮助和建议。

探究实验设计是非常重要的环节，能体现学生的科学思维和探究能力。学生最初的实验设计非常巧妙，用四根 PVC 管固定在木块上来模拟楼体，木块固定在桌面上，通过改变连接到金属杆上的金属小球的质量和位置，实现对摆球质量和摆长的控制，用铁锤敲击木块来模拟地震的摇晃力。然而，实验过程中我们发现了一些问题，实验设计还需优化。

模型结构选材为 PVC 管，其硬度不够，这就造成达到一定长度后即使没有外力，"楼体"也会摇晃不稳。用什么材料好呢？既然是探究实验，那就通过一次次实验来寻找理想的材料。

考虑到实验过程既有难度又耗时，我为学生同时开放了物理实验室、技术教室、工程实验室，为学生提供制作或切割仪器需要的工具，还延长了各实验室的开放时间。教师在实验室值班，既能保证学生的实验安全，又能随时解答或讨论学生遇到的问题。学生俨然是工程师，时而量尺寸绘图，时而切割材料连接仪器。学生的设计思维、动手能力等都体现得淋漓尽致。经过对比几种材料的实验效果，学生最后选择了硬度适当的铜合金材料。

改变了摆球的质量，其体积也会改变，用什么样的方式实现改变质量却不改变体积呢？虽然我已经有了解决方案，却不能直接告知学生。这是培养学生解决问题的能力和科学思维的重要契机。

于是，我通过设计层层递进的问题，引发学生思考。我问学生："如何才能使一个铁块与一个木块的质量和体积都相同？"学生很快回答："空心铁块。"这虽然在理论上是可行的，但是我们无法把一个实心金属球改成空心的，学生又陷入了沉思。我启发学生："既然无法在金属球内做文章，那金属球外部呢？"学生经过一番思考和探索，用同一个塑料球壳将不同质量的摆球套在里面，就实现了改变摆球的质量却没有改变其体积。

用铁锤人工敲击木块来模拟地震的摇晃力，怎样实现每一次的力都相同？学生很容易就想到将人工敲击改为摆锤下落，通过摆锤从同一高度下落来保证每一次的摇晃力相同。但很快就出现了新的问题：摆锤在下落过程中会左右摇摆甚至旋转，这怎么解决？

学校举行的趣味运动会中有一款游戏"击鼓颠球"，它为这一问题的解决提供了思路。鼓的边缘均匀系上六条绳子，六个人分别拉住绳子的另一头，就可以让鼓平稳运动。仔细思考和类比后，学生将摆锤的前后两端分别用两根线与四个固定点连接，摆锤稳定性问题也就顺利解决了。这个问题的解决看似平淡无奇，却让学生切身体会到物理就在身边，认识到平时多观察生活中物理现象的重要性。学生设计的结果如图 4-5 所示。

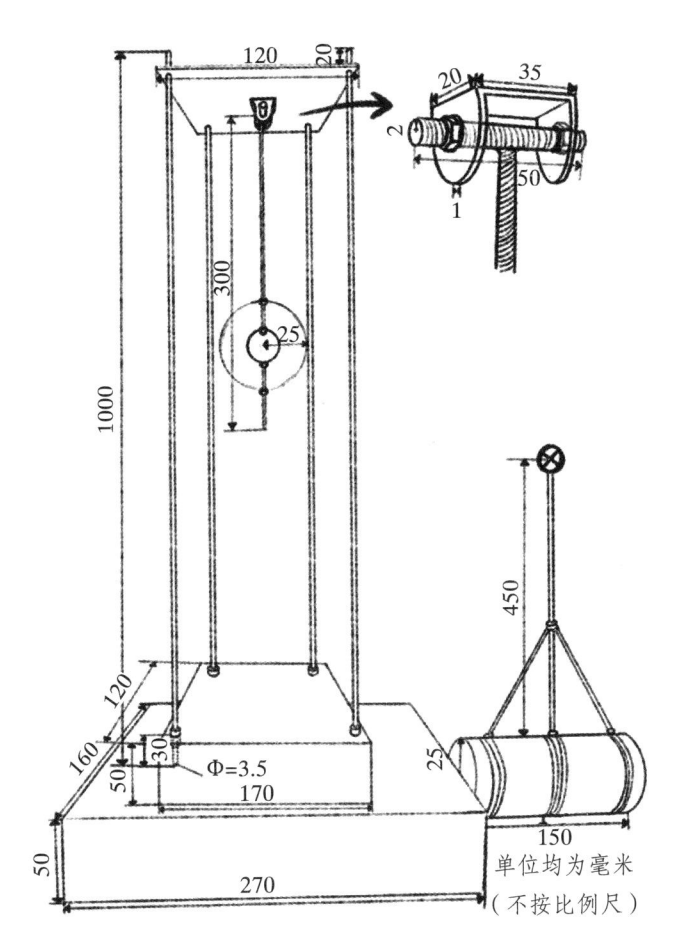

图 4-5　学生设计的实验方案

科学探究任务的呈现形式是撰写论文。对中学生来说，撰写论文是一种挑战，学生对论文的结构框架、内容阐述等方面都比较陌生。为此，我们开设了系统介绍如何撰写科研论文的选修课程，以拓宽学生的视野，并且将之前本校学生的科学探究论文、搜集到的一些中学生的优秀科学探究论文整理成册，摆放在阅览室。学生撰写论文过程中可以随时借阅。

科学探究任务的完成，以学生的主动学习为中心，是学生基础知识、科学思维、科学探究能力、科学态度等方面综合素质的体现。这有助于激发学生的学习热情，培养学生的核心素养。

》仲国虎

工具的力量

在实现从教到学的过程中,工具的力量不可忽视。

困惑中的探索

各个学科都有自己的核心概念、重点和难点。我们处理难点的方式通常是课上多讲、课下多练,除此之外,似乎没有其他更好的办法。比如,高中地理地球运动部分,是理解地理环境成因、特点的基础,是教学的重点,也是学生的学习难点。这部分内容不仅有地理知识,还涉及平面几何、立体几何、物理等知识,对抽象思维、数学计算等能力要求都很高。

我长期以来采用的教学方式以反复讲解为主,后来辅以实物和信息技术,借助模型和动画加以演示。这些新办法似乎也能帮助越来越多的学生听明白,但一些学生却不能解决具体问题。

自从接触工具、脚手架、量规、资源包等,我也在不断开动脑筋,总想制作一个工具,让学生用这个工具学习有关地球运动的内容。我前前后后想出了很多办法。比如，从例题中梳理出解题线索形成解题思路模板，把学生的答题过程张贴在墙上，画图展示解题过程等，但在具体操作时又感觉不是十分适当，心中还是没有一个令人满意的工具。

有一天，我在黑板上画了一个圆圈，准备用图示法向学生讲解地方时计算，头脑中忽然闪现一个念头：为什么不把这个圆圈图打磨成一个工具呢？

用A4纸或者废纸盒制作一个圆盘，在圆盘上标注经线和表示自转方向的箭头，再把已知的经度写在圆盘上，就可以直接读出两点的经度差，计算地方时不就很容易了吗？圆盘很快就做了出来，一位平时成绩一般的学生试用圆盘解决了一道相关试题，做题又快又准，效果很好。但我又想，一个圆盘只能计算地方时，显然有局限性，为什么不把东西方位的判断、日期的计算都加进去呢？就这样不断琢磨、不断改进、不断扩展，一个小小的圆盘就把地方时、区时、时区、世界时、北京时间、日期、方位等问题"统统拿下"。即使考试不能用圆盘，也可以在草稿纸上把这个圆盘画出来，再标注上重要的经线，同样可以解决问题。

这样一个小小的圆圈，做成可视化模型，就解决了学生空间思维欠缺的问题，能帮助学生快速而又准确地解决计算问题，工具显示出强大的力量。

成功是成功之母

一个圆盘解决了地方时等问题，能否开发出其他工具来解决正午太阳高度角、昼夜长短变化的问题呢？这些问题很重要，但更难懂，如果开发出了工具，对学生的学习帮助会更大。就这样，一个太阳直射点南北回归运动折线图就被开发出来。其实，这个图早已是课本上的插图，是一幅老图了，但把我们需要的元素标注上去后，它就发挥出强大的功能。凡是涉及正午太阳高度角、昼夜长短分布及其变化的问题，只要学生把折线图画出来，把已知的纬度（线）、太阳直射点的位置标上去，再结合题意，看看它们的相互差距及其变化，就能解决问题了！

我在网上看到一个演示昼夜长短随直射点移动而变化的视频短片，觉得很好玩，于是也学着样子利用废弃的透明文件夹制作了一个演示工具。我用这个工具，当着学生的面演示昼弧、夜弧随直射点移动而此消彼长的关系，结果造成轰动，课下不少学生拿出来把玩。毫不夸张地说，这样一来，学生在学习有关地球运动的内容时，不需要老师讲很多就能很快掌握，学得越来越轻松。

上述工具能有效帮助学生化解具体难点知识，如果能开发出帮助学生掌握思考问题的方法的工具是不是更有价值？遇到问题后，我们该从哪些角度，沿着什么线索思考呢？这样的思维工具能不能做到可视化？我不断琢磨，开发出了一个水箱模型：一根进水管和一根出水管连接着水箱，通过对比进水管与出水管的水量，确定水箱水面的高度。在地理学科中，诸如人口迁移、城市化、湿地、干旱、洪涝、湖泊水位、地面温度等方面，都涉及一进一出的数量关系。如果用水箱模型来分析，把思维可视化，就可以帮助学生分析事物，降低思考问题的难度。

他山之石，可以攻玉

尝到了利用工具帮助学生学习的甜头，我开发工具的劲头一发不可收，视野也扩大了，甚至把其他学科的模型也引进地理课堂。比如，让学生用物理学科的斜面模型理解滑坡、泥石流、水土流失、地表水下渗等地理过程，用闭环图来理解大气环流、水循环、岩石圈物质运动的原理，等等。

这些模型、工具能有效帮助学生学习地理知识、理解地理概念、掌握地理原理、分析地理过程。此外，如果更进一步，有没有帮助学生掌握自己的学习状态和进程的工具呢？如果有这样的工具，学生在学习的时候即使没有老师在身边，也依然能专业且高效地完成学习任务。

我不断思考、不断学习、不断总结，于是订正试卷的流程、修改综合题的步骤、阅读书本提取重要信息的方法等工具也被开发出来。这些工具其实就是量规。有参考的标准和正确的方法引导，学生按照这些标准就知道出发点和归宿在哪里，就可以自由地做相关的事情。此时，教师已经不知不觉从台前退到学生中间了，教师自然而然地成为学生学习的观察者、协助者，成为学生学习的规划师、课程监理，而真正负责施工的、建构知识大厦的主人都是学生自己。

在开发工具的过程中，我看到了工具在教学变革中的巨大力量！

》何永德

课程资源助力历史学科核心素养落地

历史是基于史料证据和视角的解释。历史学习，不仅要聚焦历史事物本身，更要彰显史学思想方法，拓宽历史视野，发展历史思维，形成对历史事物的科学解释。

我们在《史前时期：中国境内早期人类与文明的起源》这一单元的教学设计中，围绕单元学习目标，确定了单元核心任务：根据主要远古人类遗址中的考古发现撰写一份考察报告，阐释中华文明起源和发展多元一体的特征。

为了引导学生在这一核心任务驱动下开展深度学习，提升学生的历史学科核心素养，我们筛选、研发了相应的课程资源与学习工具。

史前时代没有文字记载，人们对史前时代的历史认识与解释都是建立在考古发现的基础上。对刚刚接触历史的七年级学生来说，考古是一个既神秘又陌生的领域，是一个令人向往又遥不可及的世界。为拉近学生与考古的距离，我们从网上筛选了一则新闻：

2020年高考结束后，湖南留守女孩钟芳蓉报考北大考古系引起热议。这不但使得原本冷门的考古专业再度被社会讨论，也使得考古圈为女孩送上的"大礼包"中那一本本极具价值的考古发掘报告重回人们的视野。

通过这则新闻导入新课，很自然地引出本单元的学习任务：让学生变身为小小考古学家，考察中国境内著名的人类遗址，发掘史前时代中国境内人类的活动，阐释中华文明起源和发展多元一体的特征。以小小考古学家的身份开展考察活动既能激发学生学习的内驱力，又能引导学生在"考察"的过程中树立起证据意识。

为了培养学生的空间观念，让学生对中国境内早期人类遗址有个整体了解，在正式开始"考察"前，我们为学生提供了《中国境内主要古人类遗址分布图》《中国原始农耕时代重要遗址分布图》两幅地图。

这两幅地图，可以让学生直观地感受中国远古人类遗址遍布祖国各地，为学生理解"我国是目前世界上发现远古人类遗址最多的国家"提供了强有力的证据。通过观察，学生可以发现大河流域是中国境内远古人类的主要发源地，初步认识自然地理环境对人类早期起源的影响，还可以迅速确定主要遗址的地理位置，建构起早期人类遗址的空间联系，直观地感受中华文明起源和发展在空间上呈现出多元性的特征。

周口店遗址是迄今所知世界上内涵最丰富、材料最齐全的直立人遗址，为科学阐释人类起源提供了最直接的证据。为了帮助学生了解我国境内早期猿人向现代人类演进情况，我们筛选并呈现了周口店遗址第一展室内陈列的考古发现（见表4-8）。

表 4-8　周口店遗址第一展室内陈列的考古发现

考古发现	说明
周口店遗址第一发掘地点的地层	从 20 世纪 70 年代起，专家用铀系法测出 1—3 层大约形成于 23 万年前。用古地磁方法测出第 7 层大约形成于 37 万—40 万年前，第 13 层大约形成于 70 万年前。这说明北京人生活的年代距今大约_____年。
头盖骨化石	北京人在体貌特征上保留了_____的某些特征，脑容量已经接近现代人。
股骨化石	……
灰烬层	说明北京人已经学会使用_____，还会长时间保存_____。 意义：_____。
生产工具	……
社会组织	……

学生运用这一课程资源，可以准确地概括出北京人的基本特征，从而理解北京人被称为"人"的原因。周口店遗址的这些考古发现，证明了远古时代确有直立人存在，这为科学阐释人类起源提供了有力证据，有助于学生深刻理解发现北京人的重大意义。同时，还可以引导学生透过"打制石器""群居生活"等历史现象，认识北京人生活的时代环境险恶、生产力水平极端低下。

原始农耕文化的产生，是人类向文明社会过渡的重要里程碑，河姆渡、半坡原始居民的生活分别是长江流域、黄河流域原始农耕生活的典型代表。为了再现古代中国原始农耕生活，我们筛选了半坡、河姆渡遗址博物馆陈列的一些重要的考古发现，制作了"半坡、河姆渡遗址博物馆陈列的考古发现对比表"（见表 4-9）。

表4-9 半坡、河姆渡遗址博物馆陈列的考古发现对比表

考古发现	河姆渡遗址	半坡遗址	推论
生活区域	长江流域（浙江余姚河姆渡村）	黄河流域（陕西西安半坡村）	都生活在_____流域
房屋聚落	干栏式房屋与水井遗址	半地穴式房屋遗址	二者都会建造_____，过着定居生活。 河姆渡人房屋结构是_____； 半坡人房屋结构是_____； 二者房屋结构样式不同的主要原因：_____。
生产工具	……	……	……
原始农业	……	……	……
原始畜牧业	……	……	……
原始手工业	……	……	……

学生运用这一课程资源，既可以概括出黄河流域与长江流域两种不同风格的农耕文明的特点，归纳出二者的共同特征，总结出原始农业出现的标志，又可以通过比较河姆渡居民和半坡居民的原始农耕生活，理解不同的自然地理环境孕育出不同特点的原始农业类型，使中华文明呈现出多元性特征。

初一学生刚刚入学，尚不具备独立完成一份完整的考察报告的能力。为了有效帮助学生学习，我们研发了"中华文明的起源考察报告评估量规"（见表4-10）。

表4-10　中华文明的起源考察报告评估量规

等级 维度	卓越级	良好级	潜力级
主题	主题鲜明，能准确展现中华文明多元一体的特征	主题比较鲜明，基本上能展现中华文明起源的多元性	主题不鲜明，不能展现中华文明多元一体的特征
内容	能结合远古人类遗址分布图和主要远古人类遗址考古发现所展现出来的差异性，说明中华文明起源的多元性，并能阐明原因；能结合考古发现、传说等说明中华文明是由各地区早期人类共同缔造的，具有一体性	能结合主要远古人类遗址考古发现分别说出其现出来的独特之处，说明中华文明起源的多元性	基本上能写出主要远古人类的生产、生活情况
表达	语言表达准确、清晰，逻辑严谨，能做到史论结合	语言表达较准确、清晰，逻辑较严谨，基本上能做到史论结合	语言表达不准确，逻辑混乱

评估量规既是一种评价工具，也是引导学生学习的重要工具。我们通过评估量规向学生传递教师理想的考察报告是什么样子的，以及如何撰写这样一份报告，便于学生迅速明确学习目标，进而找准达到等级目标的努力方向、路径——根据主要远古人类遗址分布、考古发现阐释中华文明起源和发展多元一体的特征。

在实施大单元教学的过程中，学校历史组的教师就是这样通过提供有效的、多维度、多层次、多方位的工具和资源，激发学生学习的内驱力，引领学生开展深度学习的。在初中历史课堂上，实现了由教师教真正走向学生学。实践表明，学生的历史学科核心素养得到明显提升。

》孙鸿金

帮助学生探寻适合自己的健康之路

学生的生活习惯和运动喜好不同,运动经历也有很大区别。目前,我校体育与健康课程共开设了 21 个在校内进行的模块供学生选择,以满足学生不同的运动喜好。

处于生长发育期的学生,每学年体质健康测试的成绩差异很大,他们对运动与健康的认知还需要不断提高。从遗传、运动积累和参与度来看,学生还存在很大差异。单一的任务式教学方式,显然不适应学生的成长需要,教师要陪伴学生探寻适合自己的健康之路。我校的健身课是这样做的。

开学伊始,第一节课上什么?我们的健身课,设置了 36 个运动场景与健康管理的核心问题。第一节课,通过设问,让学生体验和自学相关体育知识等方式,引导学生了解课程目标和任务。我们提出了以下几个问题,和学生一起分析:

1. 你为自己的健康打多少分?
2. 怎样做到在本学期的体育与健康课上给自己的健康加分?

3. 你给父母的健康打多少分？

4. 你给 30 年后自己的健康打多少分？

5. 比较 30 年后自己的健康分和父母现在的健康分，我们还应从哪些方面努力？我们该怎样帮助父母，让他们身体变得更健康？

维持健康需要从生活习惯、膳食与消耗、环境、疾病预防、疲劳管理和社会适应性等方面补齐短板，避免积劳成疾。在提问前，我没有告诉学生健康的标准是什么。对此学生的标准是模糊的，但他们能以自己的理解回答这些问题。他们想了解有关健康的知识和保持健康的方法，也想让自己和父母变得更健康。有了这样的动力，我们开启了运动之旅，一起探索什么是健康，怎样让自己和家人变得更健康。

让学生从体质健康、身体成分、身体围度和薄弱肌群力量、生活习惯等方面认识自己。学生了解了运动与健康的关系后，我们在健身课上用背靠墙站立、面壁深蹲、变式平板支撑、视力测试、身体围度测量、薄弱肌群力量测试等方法，让学生清晰地看到自己的健康问题。比如，2018 届的一名女生喜欢跳绳，测量身体围度后，发现自己两条小腿的围度差别较大，而且右腿腓肠肌和比目鱼肌偏向外侧。她很着急地问我："两条腿不一样粗，也不一样长，该怎么办呢？"我给她提了一个建议：平时走路和跳绳时，保持右脚脚尖正对前方。经过一个月的矫正，她担心的问题解决了。

在体育与健康课上，学生对体育知识的学习和掌握是难点。由于缺乏体育知识，很多人盲目锻炼，这造成一些运动误区和健康问题。于是，我们将体育知识和健康知识做成知识板块，贴在健身房的墙上。慢慢地，根据学生的需求，知识板块的内容也变得越来越丰富：体育知识和动作库大全，吸引了学生的注意，各类标准让学生跃跃欲试。在锻炼计划实施初期，有学生经常去看动作组合图，看量规和评价标准，根据营养素热量表计算自己的热量摄入，数脉搏计算运动消耗的热量。有学生看到体脂率和体重相关知识，就想到自己该减肥了；也有学生将腰臀比作为自己锻炼的健康指标等。选健身课的学生多数是带着自己的想法来的，期待在教师的帮助下能尽快达成重塑自我的愿望。于是，他们一走进健身房，就迫不及待地想锻炼。随着课程的推进，他们按照相关指导，做好了自己的锻炼计划。随着锻炼计划速记实施表的完善，"健康管理坐标轴"上的数据积累得越来越多，学生关于锻炼的问题也就慢慢变少，他们体会到了运动的乐趣。

比如，小伊同学现为某名校研究生，高中时因为参加竞赛等造成膝关节受损，不能按照要求完成学校体育任务，很苦恼。高三时他选修了健身课，我带着他学习相关知识板块后，引导他结合体测成绩、身体围度的测量数据和体脂率等分析自己的运动与健康情况，依据流程设计了适合他的健身方案，并帮他解决锻炼中遇到的各种问题。他按时参加锻炼，身体变得更强壮了，精神面貌也发生了很大变化，以优异的成绩考上了理想的大学。大学期间，他重新制订了锻炼计划，两年里体重减轻46斤，大三时的耐力测试1000米跑的成绩提高到2分58秒。他感慨道："高中三年，有几位老师让我铭记终生，他们在我走弯路时提醒和帮助我。十一学校的体育与健康课让我开始认真地审视自己，让我学会了拼搏。"

2019年高三健身课的一个场景让我和几位老师至今难忘，在成人礼前的课上，我刚解答完两名学生关于调理视力和疲劳管理的问题，便看到有十几位学生正在听张旋老师的化妆小讲座。这是在学生强烈要求下，我们增加的。为了能以最好的姿态出现在成人礼上，学生在两个月前就调整了锻炼计划。女生大多选择以瘦身塑形为主的练习，这一周经常用的素材是"天鹅臂"。简单巡视一圈，就发现了很多热火朝天的场面：在自主练习区，两名学生相伴练习应用程序里的身体核心区力量；在燃脂塑形区，有四五名学生跟着大电视练完一套高强度间歇训练后，满头大汗地挑战"战绳斗士"；有四名学生在跑步机和椭圆仪上挥汗如雨，数据显示已经跑了半个小时；在自由力量区，有几名学生在进行胸背和上肢力量练习；有三名学生正在相互帮助用弹力带练单臂的引体，其中有一名同学引体向上测试是36个……他们身上，散发着青春的活力，充满了拼搏精神。

课程的变化引起了课堂教学的变化，这样就有了更适合学生的教学方式，就能更好地帮助学生关注自身的健康。比如，监考时我发现班上一位喜欢运动、体质健康测试成绩满分的学生，考试中奋笔疾书时，姿态严重变形，我拍了照片，考试结束后发给他并提醒他关注自己的姿态。对此，这名学生感到震惊之余又特别感谢老师。这样的情况很普遍，也正说明了维持正确姿态、每天坚持"阳光体育一小时"的必要。

健康十分重要，需要我们一生持续地关注和适量运动才能维持。在不同的年龄阶段，身体的变化有一定规律和特点。作为教师，我们要帮助学生学会全面地锻炼身体，找到适合自己的健康之路，管理好自己的健康。

》李郁

| 第五辑 |

诊断与评估：
帮助学生成为更好的学习者

　　诊断与评估是学习过程的重要一环，它应与学习目标保持一致，服务于学生的学习。学生可以通过有效的诊断与评估，不断发现问题，调整自己的学习。

　　过程性诊断与评估要贯穿学习全过程，引导学生像评估员一样思考；终结性诊断与评估应立足真实情境，引导学生从会解题走向会解决问题。

善用案例、量规，促进学生自评、互评

学生自学，并不意味着教师就可以放松了。如何培养学生的自主学习能力？在学生自主学习过程中，教师如何指导学生完成学习任务，实现学习目标？

指导学生制订单元学习规划

制订单元学习规划是单元学习的重要起点，在每个单元学习之初教师应花时间指导学生制订单元学习规划。这不仅可以保障单元学习品质，更能帮助学生养成自我管理的好习惯。好的学习规划不仅包括学习方法、学习策略，还包括学习资源使用、进度反思等。

教师可以使用"自我学习规划量规"（见表 5-1）指导学生制订单元学习规划。

表 5-1　自我学习规划量规

等级 维度	大师级	入门级
覆盖面	规划覆盖单元学习的整个周期。以15天为例，应包括10节语文课以及每天课余的学习时间	规划覆盖单元学习的整个周期，但在节奏上不合理，比如前松后紧或前紧后松
合理性	规划的每一步都直接指向学习目标，也就是将学习目标进行了合理分解以指引日常行为；而且留有调适的空间，可以在学习过程中不断改进和积累经验	能够从学习任务出发规划自己的学习进程，但缺少弹性空间；在实施过程中，往往需要老师提醒或进行个别化指导
落实度	规划的设计能充分考虑学习周期中规定的阶段性学习结果的提交节点，环节、步骤的安排科学	规划的设计考虑了学习周期中规定的阶段性学习结果的提交节点，但需要老师或同伴提醒

使用说明：

1. 学会做自我学习规划不仅有助于顺利开展单元学习，也是一个可以让自己终身受益的好习惯，因此你需要努力养成这个好习惯。

2. 学习规划不是进度条、计划书或步骤单，而是根据自身的学习方式和节奏对单元学习目标的分解，它更像一个简版行动导航。

3. 学习规划的形式是多样的，可以是表格，也可以是坐标系，还可以是备忘录，等等。无论采用什么形式，目的都是帮助你看见自己与目标的距离。

学生根据此量规，制订单元学习规划，可以明确单元目标和任务，同时对学习目标进行个性化分解。

学生在做规划时往往能够考虑到内容的覆盖面，却可能忽略其合理性。实施过程中，教师要时常提醒学生并进行个别化指导，督促学生将单元学习规划当作个人学习工具，放在醒目处引领自己的学习进度，并不断反思、调节与修正。

及时提供工具帮助学生完成任务

学生在完成任务的过程中，会碰到各种困难，出现各种问题，教师要及时提供工具帮助学生完成任务。

比如，高二的"生活哲理提取实验——哲理性散文阅读与写作"学习单元的学习目标 1 是："能够准确地概括作品中艺术形象自身的特征与作者赋予的情感特征，说出其寄托的核心哲理。"对应的子任务 1 是阅读克里斯托弗·莫利（Christopher Morley）的《门》，感受哲思理趣。

在课堂上，教师发布任务书，让学生明确学习目标和任务，制订学习规划。学生开始自主阅读。第二天，学生向我反馈："老师，哲理散文读起来很'烧脑'，读完《门》，不知所云……"听了学生的话后我开始反思，发现对高二的学生来说理解哲理散文确实有难度。怎样帮助学生呢？我及时提供了阅读哲理散文的工具（见图 5-1）。

初读文本	再读文本	精读文本	整体理解
把握文本写作的核心对象、讨论的话题与主要观点	画出文中的哲理句，抓住文本的线索，梳理文章脉络	理解重点句的内涵	梳理作者联想、发散的思维路径，总结哲理

图 5-1　阅读哲理散文四步法

这个工具旨在帮助学生阅读哲理散文，养成阅读、批注、思考的好习惯。有了这个工具，学生就可以静心深入地阅读与思考。

再看单元的学习目标2："能够品读有哲理、有内涵的语句，分析由物及理的思维路径。"我又思考：怎样才能让从未分析、梳理过思维路径的学生完成任务呢？学生在这个过程中会碰到什么困难？为此，我们从"审视事物的角度"出发，为学生提供了下面的脚手架（见图5-2）。

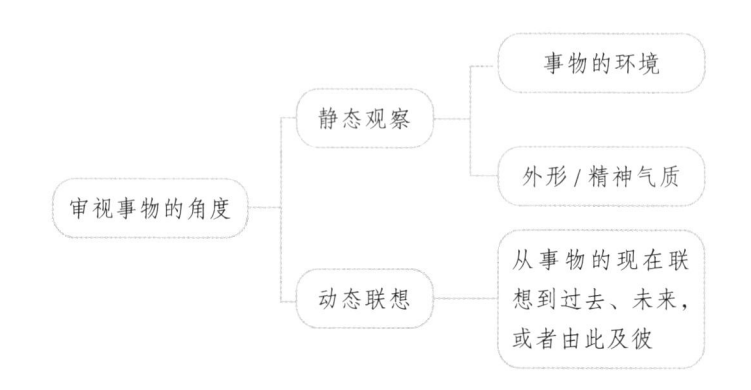

```
                    ┌── 静态观察 ──┬── 事物的环境
审视事物的角度 ──┤              └── 外形/精神气质
                    └── 动态联想 ──── 从事物的现在联想到过去、未来，或者由此及彼
```

图5-2　梳理思维路径的脚手架

借助这个脚手架再去分析"由物及理"的思维路径，大多数学生取得了不错的效果，课堂展示时精彩纷呈。总之，单元学习的目标要清晰，任务要明确，工具和脚手架要简单实用。

使用学习案例进行分享交流，促进学生互评和自评

学生完成学习任务，会产生两种学习案例：一种是成品案例，一种是学习过程案例。优秀的成品案例就像耀眼的星辰；没有成型或者待改进的学习过程案例是学习过程的真实反映，同样有价值。

首先，教师可以使用学习案例进行分享交流，促进学生互评和自评。《史记》单元的学习任务1是："完成历史人物性格品质鉴定

书（分析人物事迹，概括人物的性格、品质、精神风貌等）。"根据任务1的要求，我让学生自主申报，或独立或两人搭档，每节课利用5分钟时间向全班讲解自己完成的"鉴定书"，汇报自己是如何阅读《史记》某一篇章的，并简要展示自己的推导过程、进行可能性分析等。这种案例分享让分享者获得了成长，也让其他学生增加了分析视角，分享者本人、其他学生、教师都可以从中受益。

其次，学生分享案例时，教师可以适度点评，以提升学生的思维品质。

在小说单元，分析细节描写在刻画人物形象上所起的作用时，我们要求学生依据下面的情景展开想象。"点外卖，已经成为许多城市人的生活日常，不过由于天气而造成外卖延误的情况时有发生，有的顾客理解接受，有的顾客恶评不止……试想，一位快递小哥冒着暴雨前行，中途摔倒又忍痛爬起，但是仍然延误了送餐。此时他敲开顾客的门，此后会发生什么呢？要求：门开后发生的情节应成为展现外卖小哥人物形象或者体现人物情绪的关键点，内容合理，条理清晰，不少于150字。"有一位学生想象的情节是"顾客责怪外卖小哥迟到，外卖小哥把餐盒扣到了顾客脸上"。看到这份作业，我决定和学生讨论一下。我问学生："你写的是外卖小哥吗？我还以为写的是复仇女神呢？想象合理吗？理性地看待，不论什么原因，迟到了是不是应该先道歉，然后解释原因？无论顾客是否原谅，外卖小哥都要有自己的职业素养。"

学生吃惊地问我："顾客呢？不宽容、不体谅人，对吗？"

我问："顾客不宽容，快递小哥就应该打击、报复顾客吗？"

学生若有所思，点头称是。

几年来，我们用学生的学习案例作为他们完成任务的脚手架，这样做不仅能鼓励学生，还能让学生清楚自己与目标有多远，继而在不断思考中完成深度自主学习。

用量规引导学生自评、互评

量规不仅是一个真实性评价工具，还是一个连接学习与评价的重要桥梁。它提供学习任务的评价准则、等级标准和具体说明。在学习过程中，教师要不断督促学生使用量规，并注意量规的要求。比如，我曾经这样提示学生：先看量规，再认真思考，完成初稿，对照量规，形成终稿。

首先，教师要引领学生理解量规的内容。比如，在报告文学单元学习中，学习任务2是"记录我身边的生活"。任务说明是："基于对身边生活的体验、观察、理解，筛选出典型事件和典型细节，尝试用报告文学的方式表现我们身边的生活。"学生确立选题后，要完成调查、采访。公布任务的第二天，一份采访记录引起了我的注意：调查采访的当事人大诉苦水，表达对年级主任"禁电"（晚自习时禁止长时间使用手机、电脑）的不满。

我问小作者："你是不是也被'禁电'了？"小作者气愤地点头。

我又问："你昨晚采访时，是不是有难兄难弟的感觉？"小作者吃惊地问我是怎么知道的。

我让他看看量规：调查采访相关人员，采访人数不少于两人；叙述客观，不刻意美化、拔高，也不刻意丑化、贬低……我启发他："你们两人都是被'禁电'的竞赛生，除了采访当事人，是不是也应该采访相关人员，比如年级主任？为什么不问问他'禁电'的理由？"小作者说："年级主任会接受采访吗？"我告诉他可以先发微信约一下，问问老师什么时候有时间，能否接受关于"禁电"的采访。再见到小作者时，我发现他已经变得心平气和了，原来他成功采访了年级主任，而且得到了令他信服的答案。

其次，教师要引领学生利用量规评价自己的学习任务完成情况。比如，在《论语》单元学习中，学习目标1是"能够根据傅佩荣、李零、鲍鹏山、陈来等人对《论语》的解读，形成自己对《论语》主要思想的理解"。对应的子任务1是"搭建我的《论语》思想盒子（形成自己的理解）"。有一个学生这样搭建自己的《论语》思想盒子：将治学分成学习目的、学习方法、学习内容三个方面。

一个初读《论语》的学生，根据自己对"治学"的理解，能搭建出这样的"盒子"，是合格的。但这个学生只想到了搭建盒子，却忽视了对量规的理解。这个学习任务对应的量规之一是"能够用简洁的语言明确地表述自己选择的观点"。这时教师就要引领学生思考怎样表述自己的观点，也就是对《论语》里面"治学"的看法。学生下课后主动来借李零的《丧家狗：我读〈论语〉》一书，想利用周末进一步阅读，然后提炼自己的观点。当学生通过量规自评时，他们对学习的责任心会更强，学习任务会完成得更好。

最后，利用量规学生除了可以自评，还可以同学间互评。将自评与互评结合起来，可以有效降低评价的主观随意性。具体操作流程如下：对照量规先自评，再同学间互评，互相写出评语，然后思考、修改自己的成果。

有时也可以请每个小组将互评中发现的问题写在黑板上，教师和学生一起讨论解决对策。比如，在《平凡的世界》学习单元，学习任务2是写作"六词回忆录"——用六个关键词连缀成文。在当堂展示交流、互评、自评环节后，学生根据量规提出了一个问题：用六个关键词连缀成文后，如何在回忆录中突出人物性格？教师与学生充分讨论，将对策写在黑板上。比如，在写作回忆录时可以详写能凸显人物性格的事件，可以通过心理活动表达人物情感、解读人物做出选择的原因，从而表现人物性格。

在自主学习过程中，学生会碰到困难，出现各种问题。教师要设计学习任务，指导学生制订学习规划，利用量规促进学生自评、互评，从而帮助学生完成任务，实现目标。

》周锐

有效设计作业，实现精细诊断

很多教师在教学中都遇到过这样的情况，两个学习能力和学习态度完全不同的学生，提交上来的作业的准确率却是一样的，甚至平时课堂学习状态不佳、考试成绩不理想的学生提交上来的作业的准确率更高。暂且不讨论这是出于什么原因，单从作业本身而言，它没有诊断出学生存在的问题，设计的这份作业意义就不大。

类似的现象还有很多。比如，教师在布置作业时，作业目标偏离课程标准，造成作业超出学生的学习能力和水平。学生苦于做不出来，却不曾想到这是教师选取的作业内容不当造成的。

反思平时的工作，我大多是依据自身的经验设计作业，存在的主要问题是：作业目标不清晰，将一堆题目机械地堆砌在一起，重复度高，诊断的问题单一。为了改变现状，更好地发挥作业的诊断功能，及时发现学生存在的问题，我在任教的两个教学班里做了改变，尝试优化作业设计，通过学生作业完成情况，一方面诊断学生是否掌握了知识、技能，是否落实了学科素养，另一方面诊断学生是否有良好的学习习惯。我的具体做法如下：

一是明确作业设计目标。作业目标的设定要基于课时学习目标及学生的课堂学习情况。一方面，要落实课堂教学内容；另一方面，要与课堂互补，进行适当扩充。对学生在课堂上已经掌握但有必要进一步巩固和强化的内容，有针对性地设计强化和巩固作业；对学生在课堂上没有达到的学习目标，通过课后作业来弥补。

二是选取适切的作业内容。教师在平时教学中要留心收集、整理课程资源，按照知识章节、方法类型等将题目进行归类。再根据作业目标筛选合适的内容进行重组改编，并按照难易程度将题目分类：A类题目落实基础，偏记忆模仿、简单应用；B类题目注重能力迁移，综合应用；C类题目指向素养，拓展提升。

三是题目难度要适中。学生的学习能力普遍较强时，A类题目数量不用过多，所有学生应都能做出；B类题目数量适中，预期70%的学生能做出；C类题目有1—2道即可，预期40%的学生能做出。

四是根据学情提出不同的评价要求。按照学习态度及学习能力将学生分为三类：A类学生学习态度端正，学习能力较强；B类学生学习态度端正，学习能力一般；C类学生学习态度需纠正，学习能力强。对A类学生，要求他们精益求精，鼓励独立思考；B类学生普遍有主动完成作业的意愿，且想独立完成，但常因题目难度大而产生畏难心理，因此在设计作业时要给这类学生搭建脚手架，帮助他们将问题拆解，鼓励他们尽可能多地写下自己的思路，直到想不出为止；C类学生往往不重视基础，难题一般能做对，简单题总出错，在设计作业时，要与这类学生约定做每道题目时必须勾画重点，并且要求书写规范，格式工整。只有这样做，才能通过作业体现出学生的真实水平，诊断出学生存在的问题。

接下来，我以人教版数学八年级上册《轴对称》这章中"应用轴对称解决最短距离问题"这节课为例进行说明。

本节课的学习目标是"利用轴对称解决简单的最短路径问题,体会图形变化在解决最值问题中的作用,感悟转化思想"。在课堂上,以"将军饮马问题"为载体,对"最短路径问题"展开课题研究。让学生经历将实际问题抽象为数学的线段和最小问题,再利用轴对称,将线段和最小问题转化为"两点之间,线段最短"的问题。课堂上,大多数学生对其原理已经掌握,为此在设定作业目标时,除了考虑落实基础外,对课堂上没有展开的内容应进行适当补充,给学有余力的学生留下探究的空间。本节课的作业目标如下:

1. 能利用轴对称解决"一线两点"模型最短距离问题。
2. 能利用轴对称解决"两线一点"模型最短距离问题。
3. 能利用轴对称解决"两线 n 点"模型最短距离问题。
4. 能综合利用轴对称、平移变换解决最短距离问题。

这4个作业目标难度基本上依次递增,其中目标3可能最难达成,仅针对班级中C类学生,要求他们互相讨论后完成,目标4的综合性更强一些。

下面以作业目标2为例,将目标进一步分层细化(见表5-2)。

表5-2 作业目标2分层细化

A类	能在角的两边分别确定一点,使角内一定点与这两点所构成的三角形周长最短
B类	能在实际问题中抽象出"两线一点"模型,并解决问题
C类	能综合运用轴对称的知识求解"两线一点"模型相关结论(关于边、角的数量关系)

教师在题库中选择合适的题目进行匹配（见图 5-3）。

二、能利用轴对称解决"两线一点"模型最短距离问题

A 类：1. 在 $\angle AOB$ 内部有一点 P，分别在射线 OA 和射线 OB 上找点 M、N，使 $PM+MN+PN$ 最小。

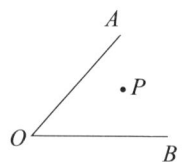

思考一：如何证明此时的点 M、N，使得 $PM+MN+PN$ 最小？
思考二：这样的点 M、N 是否总存在？

B 类：2. 如图所示，公园内两条小河汇合，两河形成的半岛上有一处古迹 P，现计划在两条小河上各修建一座小桥，并在半岛上修三条小路，连通两座小桥与古迹，两座小桥应建在何处，才能使所修建的道路最短？

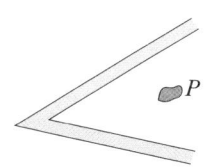

C 类：3. 已知 $\angle AOB$ 是锐角，点 P 为 $\angle AOB$ 内一点。
（1）在 OA 上确定点 M，在 OB 上确定点 N，使 $\triangle PMN$ 的周长最短。
（2）在（1）问的基础上，图中有哪些边、角关系（尽可能多地写出结论）？
（3）在（1）问的基础上，$\triangle PMN$ 可能是特殊三角形吗？请你添加一个条件使 $\triangle PMN$ 为特殊三角形，并说明理由（列举多种情况）。

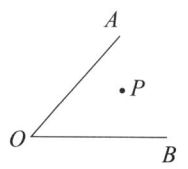

图 5-3 分层细化的作业举例

第一题与学生在课上学习的"一线两点"模型的探究流程相同,不同的是问题涉及两个动点,需要学生将其先转化为一定一动即"一线两点"问题,再进行处理。第二题在第一题的基础上添加了实际背景,需要学生先经历数学抽象,将实际问题转化为数学问题,以培养模型观念这一核心素养。第三题在第一题的基础上,设置了开放性问题,给学生充分的探究空间。

如果第一题没有做出来,说明学生对"一线两点"问题的基本原理没有弄清楚;如果第一题做出来了,但是第二题没做出来,说明学生不具备模型观念;第三题需要教师给学生搭建脚手架,引导学生从多角度思考问题,进而诊断学生哪方面掌握得不好(见图5-4)。

第3题解题技巧　　参考□　未参考□
(1)利用轴对称补全图形。

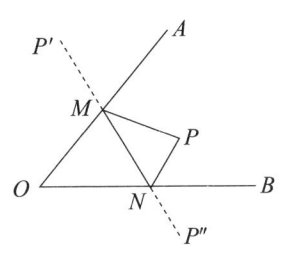

（图）

(2)研究对称点与轴上点之间的关系。(数量关系+位置关系)
边：OP、OP'、OP'' 之间的数量关系
角：$\angle P'OP''$ 与 $\angle AOB$；$\angle MPN$ 与 $\angle AOB$ 的数量关系等
位置关系：垂直关系,平行关系等
(3)初中阶段特殊三角形有哪些?(等腰、等边、直角、等腰直角)
等腰 $\triangle PMN$：$PM=PN$，$PM=MN$，$PN=MN$
直角 $\triangle PMN$：$\angle P=90°$，$\angle M=90°$，$\angle N=90°$ 分别需要满足什么条件?
结合图形生成过程,最原始的图形是 $\angle AOB$ 与点 P,探究条件,只需研究 $\angle AOP$ 与 $\angle POB$ 之间满足什么数量关系即可。

图 5-4　为复杂问题搭建脚手架

可将脚手架设计在作业背面，同时设计一个选择框，要求参照脚手架完成作业的学生在方框内打钩，这样教师就能区分哪些学生是独立思考完成的，哪些是借助脚手架完成的。

从学生的作业完成情况来看，A类题目几乎所有学生都能把图形画出来，但是约20%的学生对如何验证、什么时候图形不存在没有深入思考；B类题目约80%的学生能够做对，另有约20%的学生没有经历建模抽象的过程；C类题目约20%的学生可以独立完成，且生成了一些新结论，约40%的学生可以借助脚手架按照教师提供的思路完成，另有约40%的学生只能完成（1）（2）小题。这和我们之前设定的作业目标达成率预估是一致的，实现了以作业为载体对学生的知识、技能、素养落实程度进行诊断的目的。接下来，教师就可以就学生的问题有针对性地进行指导。

高质量的作业设计，不仅有助于教师发现学生在学习中存在的问题，发挥作业的评价、诊断作用，提高教师对学生开展个别化指导的效率，而且有利于教师改进教学行为，促进师生关系良好发展，提高学生的学业成绩。

》郑嫒嫒

如何找到学生自主学习的起点

自主学习是一种高效的学习方法,是实现深度学习和培养终身学习能力的必经之路。培养学生良好的自主学习习惯和能力,并不是件容易的事情。如何找到学生自主学习的起点,有效促进学生自主学习呢?

促进学生自主学习,要求教师指导或设计的学习路径透明。这个路径既能让学生有效实现自我指导,清楚地知道自己需要达到的水平,也能让教师比较快捷、高效地关注到学生的学习进程,进而有效指导学生自主学习。从激发学生的学习兴趣出发,我们开发了实验量规,以指导学生进行高中生物实验探究,发现这一路径可有效促进学生自主学习。

高中生物教材中有模型构建类、科学探究类、调查类、生产实践类等实验类型。既有课堂实验,也有需要较长时间的探究性实验等。学生众多,要想做到一对一具体指导学生是极其困难的。因此,有些实验没有开展起来,或者学生照本宣科进行实验操作,难以培养学生严谨的态度、科学思维和勇于创新的意识。正因如此,我们利用本校教师资源，开发了系列"高中生物实验量规"，构建出比较成熟的可操作体系或平台。现以探究性实验量规为例进行说明。

第一，探究性实验量规提出了明确的学习目标，而不是从教师的角度制定教学目标。这些实验量规，根据不同的实验要求和性质，让学生在不同的实验中，逐步掌握不同的技术、技能、方法等，逐步培养学生的科学思维和严谨态度。例如，高中生物初学者，在"检测生物组织中的还原糖、脂肪和蛋白质"时，要关注颜色鉴定实验中的取材原则、等量原则等，学会规范记录实验结果，并进行初步的实验分析。而随后的"探究酶催化的专一性、高效性及影响酶活性的因素"，则要求学生能根据反应性质的不同选择不同的底物和酶，学会控制实验的自变量和无关变量，尝试通过设计表格等记录实验数据，并能通过阅读文献资料，对实验方法做出改进或创新，形成参阅文献的习惯和实验思维。"探究植物生长调节剂对扦插枝条生根的作用"，对数据处理的要求更高，要求学生能运用表格、曲线图、柱状图等对实验数据进行分析。这样，学生就能清晰地知道实验探究需要达到的学习目标。

第二，探究性实验量规能指导学生做好开题准备。这些实验量规，可以引导小组成员分工合作，有针对性地查找相关资料，思考实验探究过程中可能面临的挑战是什么，有什么解决办法或方案。这可以引导学生做好充分准备和思考，不打无准备之仗。而"项目进度安排"，旨在引导学生规划好时间，以便统筹安排，提高效率。"原始数据记录"则引导学生形成及时做好实验原始记录的习惯。实践证明，自主实验探究，可以让小组成员真正成为实验探究的主人。这时，学生会积极参与，在量规的指导下争相贡献智慧，不断完善实验方案，并在这一过程中学会团队协作。

第三，探究性实验量规的核心是"实验报告内容要求"。这既是实验探究要求，也是方法指导。不同类型的实验匹配不同的实验报告量规，这是实现学生自主学习的关键。例如，"探索生长素类似物促进插条生根的最适浓度"的实验报告包括：材料处理（10分）、变量控制（10分）、过程记录（10分）、数据处理（20分）、结果分析（20分）、反思收获（20分）、科学规范（10分）。"实验报告内容要求"体现了探究性实验的总体要求，有实验前的"材料处理"，有实验过程中的"变量控制"，也有实验后的"数据处理"和"结果分析"，还有"科学规范""反思收获"等（见附录中的评价工具）。

例如，实验前的"材料处理"部分，能引导学生因地制宜地选取身边的植物进行实验探究，学生自主选取了连翘、柳枝、富贵竹、红薯、非洲紫罗兰、紫背天葵等实验材料，并积极查阅相关材料的特点等。在处理材料的过程中，学生关注了实验取材处理的原则，体验到巧妙的实验选材有助于实验顺利进行。

实验过程中的"变量控制"部分，能引导学生关注科学设计实验方案的原则，学会控制自变量和无关变量，以确保实验结果的严谨性。

"过程记录"部分，要求学生尊重科学事实，实事求是地记录实验原始数据，通过评价引导学生形成及时记录原始数据的习惯，为后续"数据处理"奠定基础。

"数据处理"部分，则是本实验的重点，引导学生通过本实验学会运用表格、曲线图、柱状图等对实验数据进行分析，进而通过预实验和正式实验确定插条生根的最适浓度。结果显示，这给了学生充分展示的舞台。学生使用的各类数据分析方法超出教师的预期。

"结果分析"则是实验的关键要求，引导学生运用科学的思维和方法，从不同角度对结果进行分析，进而得出科学的实验结论。学生还分析了实验结果与预期不符的原因，这培养了学生查阅文献资料的习惯和解决问题的能力。小组成员充分合作，分析数据背后的规律，充分挖掘了学生的潜力，实现了高效学习。

"反思收获"部分则是引导学生学会反思，吸取教训，总结经验，逐步完善实验方法和技能。

"科学规范"部分，则是引导学生把实验探究看成整体，有助于学生掌握科学的实验流程。例如，科学规范的评价指标包括语言是否简洁，逻辑是否清晰，内容是否完整（实验名称、实验目的、实验用具、实验原理、实验步骤、过程记录、结果分析、改进与创新、反思收获）等，引导学生做到科学、规范、严谨。

除此之外，"项目改进与创新"（附加赋分10分），引导学生从实验材料、实验原理、实验方法、实验工具、实验试剂、实验记录、结果呈现、社会联系等角度进行创新，以培养学生改进和创新的意识，让学生乐于并善于团队合作。"优秀作品展示"（附加赋分10分）则能有效发挥榜样力量。

为了方便学生自主评分，评价工具附有评分标准，引导学生利用评分标准指导实验设计和实验过程。例如，互评要求完成实验且基本正确即为合格，未完成或出现科学性错误为不合格；师评则要求完成实验且没有科学性错误即为满分，出现一个科学性错误减5分，最低为0分。

实验量规能让学生了解科学研究的基本思路和方法，培养学生的自主实践能力、科学思维和严谨态度。在实验量规的指导下，学生科学规范地完成了实验，提交了个性化的实验报告，高效地实现了学习目标。

学生在探究性实验中，开启了真实的学习，在量规的指导下及时做出调整，完善学习方法等，实现了深度学习，发展了终身学习的能力。实验量规既给学生提供科学指导，又给予其自由空间，帮助学生找到了自主学习的起点。

附录：

"探索生长素类似物促进插条生根的最适浓度"
探究性实验量规

学习目标：

1. 我能选取合适的扦插枝条作为实验材料。
2. 我能设计实验方案，控制该实验的自变量、因变量、无关变量。
3. 我能通过预实验和正式实验确定插条生根的最适浓度。
4. 我能尊重科学，实事求是地记录实验数据和结果。
5. 我能运用表格、曲线图、柱状图等对实验数据进行分析。

请你思考：

1. 你选取的枝条需要满足什么条件？
2. 如何配制不同浓度梯度的2，4-D溶液？
3. 什么样的实验预期结果才是有效的？
4. 不同植物对同一浓度的生长素的敏感度是否相同？
  ……

评价工具：

需要完成的步骤	赋分（互评/师评）	注意事项
开题准备	不合格　合格	
项目进度安排	不合格　合格	
原始数据记录	不合格　合格	
实验预期	不合格　合格	

续表

需要完成的步骤		赋分（互评/师评）	注意事项
实验报告内容要求	材料处理	10 分	
	变量控制	10 分	
	过程记录	10 分	
	数据处理	20 分	
	结果分析	20 分	
	反思收获	20 分	
	科学规范	10 分	
项目改进与创新（附加赋分）		10 分	
优秀作品展示（附加赋分）		10 分	

注：

1. 互评：完成且基本正确即为合格，未完成或出现科学性错误为不合格。

2. 师评：完成且没有科学性错误即为满分，出现一个科学性错误减 5 分，最低为 0 分。

3. 反思收获：满足一项加 5 分，最高 20 分（总结成功或失败的原因，或提出有待研究的新问题等）。

4. 科学规范：语言简洁，逻辑清晰，内容完整（实验名称、实验目的、实验用具、实验原理、实验步骤、过程记录、结果分析、改进与创新、反思收获等）。

5. 附加赋分：满足一项加 5 分，最高 10 分（创新类型：实验材料、实验原理、实验方法、实验工具、实验试剂、实验记录、结果呈现、社会联系等）。

》王爱丽

从教走向学中的增值评价及其可视化探索

分层、分类、综合、特需课程的构建与实施，使得学校课程生态空前活跃，也给学业评价带来前所未有的挑战。怎样评估课程实施的效果？能否给学生提供诊断报告单，从"去经验"的角度直观地帮助学生发现学习中存在的问题，及时调整学习行为呢？

成绩单只提供成绩吗

一份传统的成绩单，通常会提供一些基础的学业成绩信息（见表5-3）。新高考制度让表5-3中成绩的呈现方式略有不同。语文、数学、英语学科以150分为满分，选考科目则采取与北京新高考匹配的等级分计算方式，加起来得到综合成绩。考虑到不同科目选考人数的差异性，名次计算以百分等级表示（每5%为一档）。如表5-3中，诊断2的语文百分等级为45，表示该同学在诊断2测试中，语文成绩水平位于参与该门学科测试者的40%—45%。

表5-3 某同学两次诊断的学业成绩数据

	语文原始成绩	语文折合成绩	语文百分等级	数学原始成绩	数学折合成绩	数学百分等级	英语原始成绩	英语折合成绩	英语百分等级	六科等级分和	六科百分等级
诊断1	71	107	55	81	116	10	106	127	20	596	40
诊断2	73.5	110	45	66	102	35	108.5	130	15	606	35

	物理原始成绩	物理等级分	物理百分等级	化学原始成绩	化学等级分	化学百分等级	地理原始成绩	地理等级分	地理百分等级		
诊断1	76	85	55	82	85	45	63.5	76	90		
诊断2	76	88	40	80	88	30	73.5	88	40		

表格中呈现的数据，即通常所说的结果评价，优点在于有相对准确的量化指标作为评价证据，其结论往往有较强的说服力和可信度。但这样的表格显然不能满足我们从教走向学的变革要求。我们更期望学生能从结果评价中找到学习的增长点，找到未来努力的方向。于是我们开始聚焦有关增值评价的实践探索。

相比结果评价，增值评价是一个新概念。与其他教育评价强调不同学生、教师共时性的横向比较不同，增值评价着眼于师生自身历时性的纵向评价，即将自己的发展进步幅度作为评价指标。

当然，结果评价和增值评价并不是孤立的，能不能将两者结合起来呢？

我们首先把突破口放在对学生历次考试的比较上。利用学生的进步程度开展增值评价，被认为是一种更加公平和精确的学校评价方法。在成绩单中，我们会根据不同时间点测量学生的学业表现，进而比较学生在学校、教师的培养下取得了多大程度的进步，将原有的通过单次测验成绩进行终结性评价转变为对发展趋势进行增值评价，力求通过简单直观的方式，及时关注每位学生在学习过程中的成长变化，进而有针对性地帮助每位学生学习。

能体现增值的成绩单才是好的学业诊断单

对学业诊断单，我们会通过不同角度来分析学生学习的"增值"情况。

百分等级变化

通过学生两次考试的百分等级变化可以衡量学习的增值情况，如表5-4所示。通过该同学两次诊断的百分等级变化值可以看出，该同学在第二次诊断中，除了数学外的五门学科都取得了明显进步，但由于数学退步较大，最后导致六科的百分等级上升不大。

当然，这种评价方式的显著缺点是欠缺一定的公平性，因为处于不同等级学生的成长难度是不一样的，尤其对高起点的学生而言，增值空间有限，这样的评价容易遭遇"天花板效应"。为了弥补百分等级变化的增值评价缺陷，在实际应用中，我们在解读数据的时候会引导师生进行修正。

表 5-4　某同学两次诊断的百分等级增值分析数据

	语文原始成绩	语文折合成绩	语文百分等级	数学原始成绩	数学折合成绩	数学百分等级	英语原始成绩	英语折合成绩	英语百分等级	六科等级分和	六科百分等级
诊断 1	71	107	55	81	116	10	106	127	20	596	40
诊断 2	73.5	110	45	66	102	35	108.5	130	15	606	35
两次诊断的百分等级变化			↑10			↓25			↑5		
	物理原始成绩	物理等级分	物理百分等级	化学原始成绩	化学等级分	化学百分等级	地理原始成绩	地理等级分	地理百分等级		
诊断 1	76	85	55	82	85	45	63.5	76	90		
诊断 2	76	88	40	80	88	30	73.5	88	40		
两次诊断的百分等级变化			↑15			↑15			↑50		

增值评价等级模型

除了百分等级，我们还引入了增值评价的另一个维度，即"等级模型"，用于衡量学生在学习相似的群体中的进步情况。等级模型参考北京高考 21 等级赋分机制，把学生群体分为五个等级（也可根据需求划分更多或更少等级），如表 5-5 所示。这样学生的学业诊断单就多了一个增值评价参数。

表 5-5　等级模型中的等级划分

等级	A	B	C	D	E
比例	15%	40%	30%	14%	1%
累计百分等级	15%	55%	85%	99%	100%

引入增值评价等级模型后，我们不仅关注学生学习上的"增量"，更关注其学习上的"增质"。如表 5-6 所示，该同学的语文、物理和化学成绩均进步较大，英语成绩从名次上看进步幅度不如语文、物理和化学，但是英语成绩的增值等级是从 B 到 A，意味着该同学的英语成绩虽然名次上升不多，但是从一个群体上升到了另一个更加优秀的群体中，实现了飞跃。

表 5-6　某同学两次诊断的增值分析数据

	语文原始成绩	语文折合成绩	语文百分等级	数学原始成绩	数学折合成绩	数学百分等级	英语原始成绩	英语折合成绩	英语百分等级	六科等级分和	六科百分等级
诊断1	71	107	55	81	116	10	106	127	20	596	40
诊断2	73.5	110	45	66	102	35	108.5	130	15	606	35
两次诊断的百分等级变化			↑10			↓25			↑5		
增值等级变化			B→B			A→B			B→A		B→B

续表

	物理原始成绩	物理等级分	物理百分等级	化学原始成绩	化学等级分	化学百分等级	地理原始成绩	地理等级分	地理百分等级
诊断1	76	85	55	82	85	45	63.5	76	90
诊断2	76	88	40	80	88	30	73.5	88	40
两次诊断的百分等级变化			↑15			↑15			↑50
增值等级变化			B→B			B→B			D→B

通过成绩分析帮助学生"看"到努力的方向

我们要通过成绩分析，帮助学生"看"到学习中存在的问题，然后让学生根据自身情况，选择合理的努力方向，发挥评价的激励作用，进而提升教育质量。

如果不能采用有效的方式引导师生合理关注评价结果，评价可能无法发挥应有的作用，甚至会成为负担。利用数据分析和可视化技术能够高效提取各成绩之间的关联，让师生及时"看到"评价结果，这具有重要意义。所以，在最终呈现给师生的评价报告中我们还充分引入数据可视化理念，以常用数据分析工具 Excel 为平台，通过对评价报告进行多维度、多角度的可视化分析，直观展现数据结果，以增强数据的可读性，便于师生观察数据关联（如图5-5所示）。

学生学习情况诊断单

学生基本信息			导师	***	咨询师	***			
姓名	选考组合	语文教学班	数学教学班	英语教学班	物理教学班	化学教学班	地理教学班		
学生1	物理 化学 地理	II-6	III-1	III-1	II-1	II-5	II-7		六科平均百分等级
四次诊断平均百分等级		48.8	27.5	13.8	36.3	28.8	47.5		28.8

四次诊断信息

说明：学科百分等级填充为绿色表示该科名次低于总分百分等级，学科折合成绩填充为粉色表示该成绩低于年级平均成绩，百分等级表示该科处于所在人群的前X%（按照5%一档，即若百分等级为10，表示学习情况位于5%-10%之间）

	语文成绩	语文折合成绩	语文百分等级	数学成绩	数学折合成绩	数学百分等级	英语成绩	英语折合成绩	英语百分等级	六科等级分和	六科百分等级
诊断1	67	101	80	54	81	50	107	134	10	591	30
诊断2	76	114	15	78	104	15	118	136	10	624	10
诊断3	71	107	55	81	116	10	106	127	20	596	40
诊断4	73.5	110	45	66	102	35	108.5	130	15	606	35
学习增值分析	积跬步至千里！		↑10.0	需要加油了！		↓25.0	黑马靠的是实力！		↗5.0	迈步不停步！	↑5.0
	物理成绩	物理等级分	物理百分等级		化学成绩	化学等级分	化学百分等级		地理成绩	地理等级分	地理百分等级
诊断1		89	91	25		85	94	10		85	91	30
诊断2		87	91	25		81	88	30		77	91	30
诊断3		76	85	55		82	85	45		63.5	76	90
诊断4		76	88	40		84	88	40		73.5	88	40
学习增值分析	积跬步至千里！		↑15.0	积跬步至千里！		↑15.0	鲲鹏展翅九万里！		↑50.0		

四次诊断百分等级变化曲线图

说明：灰色柱状图为四次诊断平均百分等级，折线图为学习过程中的等级变化情况。

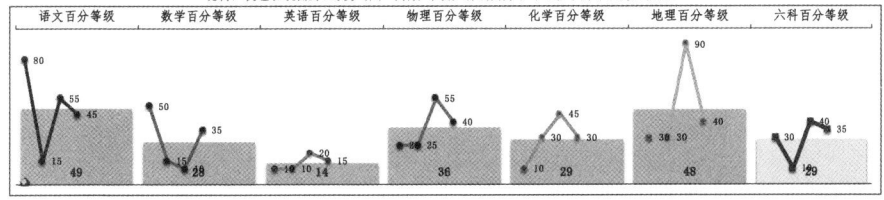

四次诊断各科基本信息

	语文平均成绩	语文最高成绩	语文诊断人数	数学平均成绩	数学最高成绩	数学诊断人数	英语平均成绩	英语最高成绩	英语诊断人数	六科平均成绩	六科最高成绩	六科诊断人数
诊断1	107.0	128.3	374	78.1	131.4	373	113.0	147.5	373	553.7	667.8	373
诊断2	102.8	124.5	373	84.3	122.4	373	108.8	144.8	373	550.1	667.9	373
诊断3	105.4	135.0	368	95.5	139.0	367	112.4	142.8	365	567.5	679.4	367
诊断4	106.9	135.0	372	94.0	141.5	371	111.6	143.4	366	564.7	684.0	371
	物理平均成绩	物理最高成绩	物理诊断人数	化学平均成绩	化学最高成绩	化学诊断人数	地理平均成绩	地理最高成绩	地理诊断人数			
诊断1	84.2	100	306	83.1	100	238	86.5	100	176			
诊断2	85.1	100	296	83.5	100	230	84.5	100	181			
诊断3	86.2	100	288	84.3	100	227	86.4	100	178			
诊断4	86.5	100	283	84.2	100	227	83.6	100	187			

图 5-5 基于 Excel 的某同学四次诊断可视化报告单

在这份诊断报告单中，评价核心部分主要包括数据和图像。

数据部分：听，老师正在对学生说……

我们提供学生多次诊断数据，并利用可视化技术对学习情况进行分析，挖掘更多有价值的信息。比如，通过颜色等的变化，把传统结果评价中大家较为关注的一致性问题做标记，力求让数字说话。例如，个人得分低于年级平均水平时，系统会自动将数据显示为粉色；单科百分等级低于六科百分等级时，数据则以绿色显示。例如图5-5中的诊断报告单，通过数据部分可快速辨认出该同学的语文是长期处于弱势的学科，在四次诊断中都低于六科百分等级（四次诊断中语文的百分等级均显示为绿色）；英语则是其优势学科，四次诊断中英语的百分等级均没有被系统以绿色提醒。

除了比较单科与总分的关联，系统还设置了个人得分与年级平均水平的对比。图5-5中反馈的诊断结果表示，该同学各科学习水平基本高于年级平均水平，偶尔有学科低于年级平均水平。

增值等级变化则通过温馨的文字留言来体现，一方面，可以弱化对学生学习情况的分类；另一方面，使用评语来描述学生的进步，可以表明教师了解学生，使评价与人产生紧密联系，也让评价更有温度。例如，在图5-5中，对照表5-6，该同学从诊断3到诊断4，语文和物理在百分等级上有明显进步，但增值等级仍然处于B，所以系统会以"积跬步至千里"对学生进行鼓励。地理是该同学进步最大的学科，除了百分等级有较大飞跃外，增值等级也从之前的D上升到B，所以系统会显示"鲲鹏展翅九万里"。我们通过百分等级和增值等级的组合评价，并通过可视化方式激发学生的学习内动力。

图像部分：学生的努力和懈怠都看得见

连续性的数据能更加客观、准确地反映该学生的学习表现，所以在报告单中我们把学生的结果评价转化为形成性评估，通过折线图的形式，反馈历次结果评价的关联，引导师生关注学习的可持续性。同时，将折线图与柱状图组合，与各科平均水平进行关联，让学习过程可见。在图5-5中可清晰看到该同学的英语柱状图最低，可见英语是其较稳定的优势学科；语文和地理的柱状图相对较高，语文和地理是弱势学科。四次诊断的学习变化可通过折线图观察到。英语在四次诊断中发挥平稳，是较稳定的优势学科。大部分学科的学习情况较诊断1略有退步，表明该生需要反思是否学习时间的分配出现了问题，或者随着各科学习难度的加大，学习变得吃力……通过折线图，让学生的学习过程可见，我们努力做到"因材施评"。问题出现了，寻找不到解决方案时，学生就会主动向教师求助，改变了传统的教师找学生的现象。把学习交给学生，有助于学生及时反思，调整学习策略，激发学习内动力。

结语

评价的目的不是鉴别，一份份成绩单也在从教走向学的实践中逐步改头换面。在实践探索中，我们通过提供多次结果评价的关键信息，把连续性的结果评价转化为过程性评价，引导师生把关注点从学习结果转移到学习过程上。以增值评价为主线，立足结果评价，在结果评价的基础上充分挖掘增值评价信息，以激发学生的学习潜能，让每个学生都在自身的起点上获得进步。通过可视化方式，融合多种评价方式，从多维度进行数据相关性、学习情况等分析，既引导师生对评价中的重要问题进行关注，帮助师生形成正确的评价观，又能挖掘隐含的极具价值的信息，发现学习背后的故事，让诊断报告单成为激发学生学习的重要助力。

》余彩芳

以真实情境命题，诊断学生的问题解决能力

核心素养背景下，命题工作面临新挑战，重视以真实情境命题是努力方向之一。

解决真实情境中的科学问题是教学的重要目标

生物学是自然科学中的一门基础学科，是研究生命现象和生命活动规律的科学，也是一门科学课程。它不仅是一个结论丰富的知识体系，也包括了人类认识自然现象和规律的一些特有的思维方式和探究过程。生物学的基本内容，反映自然科学的本质。它既要让学生获得基础的生物学知识，又要让学生领悟生物学家在研究过程中所持有的观点以及解决问题的思路和方法。

生物学要求学生主动地参与学习，在提出问题、获取信息、寻找证据、检验假设、发现规律等过程中习得生物学知识，养成科学思维的习惯，形成积极的科学态度，发展终身学习及创新实践能力，进而使学生具备关键能力和必备品格。

为实现这一目标，《普通高中生物学课程标准（2017年版2020年修订）》中，提炼出了生物学科的核心素养，包括生命观念、科学思维、科学探究和社会责任，并对该学科的核心素养做了阐释。

教师在教学中常常碰到这样的现象：许多学生对生物学基础知识和基本原理掌握得比较扎实，考查基础知识的题得分率较高，但碰到新情境类试题时，却不知如何利用已掌握的生物学知识和原理来解答，得分率低。

究其原因，一是在平时的学习过程中，有些教师往往采取题海战术，给学生布置海量的试题，让学生通过重复做题，形成条件反射，学生一看到类似的题目就不假思索地给出一些模式化答案，而没有认真审题，也没有认真思考分析。有些教师认为这是复习和掌握生物学知识的有效途径，殊不知这样做极其不利于学生学习。

二是有些学生通过死记硬背的方法来学习生物，对生物学概念和原理只能做到知其然，不能知其所以然，更不能深刻理解核心概念的内涵。

三是有些试题偏重考查的是学生记住了哪些知识，而不是理解、掌握了哪些知识，不是考查学生运用知识解决实际问题的意识和能力，更不是考查学生通过学习是否提升了核心素养。这样的考查只需要学生背会一些知识，就可以取得较为理想的成绩。

目前，北京市中考、高考改革，对学生阅读新情境材料，解读实验结果，从中得出科学的假设，并提出进一步研究的方案等方面均有较高要求。这既是我们的教学要求，又是我们的教学目标。因此，在日常教学中，我们要注重问题情境的构建，以诊断学生解决实际生物学问题的能力。

提供真实情境，培养学生的"社会责任"核心素养

生物学科的研究与医药、健康、环境、能源甚至国防生物安全等领域密切相关，这些均是关系国计民生的重要领域。比如，生物学研究中纤维素酶的研究与能源问题密切相关，研究水稻、玉米等农作物的光合作用原理有利于提高产量等。

这也是学生学习生物学的意义所在，课程标准提出培养学生的"社会责任"这一核心素养要求。

在诊断试题中，我们提供了真实情境。例如，在2020届高三诊断试题中，我们为学生提供了原营异养生活的细菌经过改造能够实现自养的真实情境。学生在阅读题目时，会理解科研人员改造细菌的思路，体会细菌从"异养"到"自养"的意义。学生在提取信息、分析数据、科学思考的过程中，体悟能源紧缺的问题。学生在回答问题的过程中，诊断自己对基础知识的掌握程度，同时通过题目提供的科学研究的真实情境，了解国际上的生物科学研究进展，在夯实基础的同时，培养社会责任、家国情怀。

另外，我们还将关于农业生产、粮食安全的内容编入试题。我国水稻遗传育种研究历史较久，经历了几个重要历程。我们将育种阶段的一些里程碑式突破作为问题情境，进行诊断试题命制。

例如，我们以张启发院士团队发现光敏雄性不育性状的控制基因为情境，在遗传模块对学生进行知识与能力的考查。学生在答题过程中，从光敏雄性不育的性状入手进行遗传分析，利用杂交水稻的原理解决实际问题。同时感受科研人员的辛苦付出，领悟提高水稻产量的意义，体会粮食安全任重道远。

真实情境是学习发生的土壤

基于真实情境进行命题诊断，学生答题的过程自然就转变为解决真实问题的过程。学生需要思考、分析、判断、调取所学知识，迁移应用，以解决真实的问题。这样诊断过程就成为学习的过程，真实情境是学习发生的土壤。

将教学、诊断统一到培养学生解决问题的能力这样的目标上来，学生在学习过程中的方向感就会更强。那么，真实的情境从哪里来？我们一般从国际认可的刊物上获取素材，其中创新性的研究、完整的逻辑链条，经过加工都可以成为命题的资源。

科学界有很多难以突破的问题，例如，能够在实验室培养的微生物种类很少，大多数微生物无法在实验室培养。我们以此为问题情境，在诊断试题命制中，向学生介绍了一些研究工作的突破。美国科学家贝尔迪（Berdy）等人，用无菌水稀释土壤中的微生物，再覆以只允许营养物质通过的半透膜，然后将芯片放置于自然界的土壤中。这样可以最大程度上模拟微生物生长的自然环境，在芯片中实现微生物的纯培养。

学生通过作答，体会研究思路的创新与精妙。在这个过程中，学生既能了解到国际上有哪些待解决的前沿问题，又能体会科研工作者的创新思维与科学研究的思路。

基于真实情境的问题，需要整合相关概念和原理，灵活运用理论或方法才能深刻理解。学生需要整合不同的学科知识、方法和观念来解题，这样就可以诊断学生的自主学习能力、反思能力以及解决问题的能力。

》秦彤

基于真实科技前沿情境的物理诊断命题

中学物理诊断命题所依赖的真实情境主要来自学生实验、日常生活和科技前沿。对前两类，教师接触比较多，这样的题目多属于中档题或低档题，而区分度比较大的压轴题多以第三类作为背景。选择科技前沿类情境，不但可以考查学生迁移应用的科学思维，而且这对绝大多数学生来说是比较陌生的，公平性有保障。另外，科技前沿类情境已经过实践检验，往往不会有科学性错误。但很多教师在实际命题时，总觉得科技前沿高深莫测。其实，绝大多数前沿科技，往往都可以追根溯源到高中物理层面。只要处理得当，就可以让其成为中学物理诊断命题的真实情境。

如何从前沿科技中提取相关情境，命题考查学生的核心素养呢？下面我以五个有影响力的前沿科学和工程领域为例，分享一下自己的见解。

第一个，詹姆斯·皮布尔斯（James Peebles）因为物理宇宙学方面的理论发现获得了2019年诺贝尔物理学奖。我们先看天文观测与宇宙演化模型这一前沿热点，了解里面哪些与高中物理有关，可以如何命题。

目前，普遍接受的标准宇宙模型指出，宇宙曾经处于高温高密的一个奇点。目前构成宇宙的组分中，普通的重子物质占比为近5%。这些模型参数都是怎么得出来的呢？当然，这依赖天文观测。天文观测能测量什么？有哪些原理和方法呢？在电磁波段，最重要的可观测物理量是波长和能量，用天文专业的术语说就是光谱测量和光度测量。

光谱测量，主要就是了解天体的光谱特征，比如主要发光波段，包含哪些发射线、吸收线等。借助这些观测数据，我们就可以获取更广泛的信息。例如，利用光谱的红移测量天体靠近或远离我们的速度大小，本质上利用的就是高中物理中的多普勒效应原理。又如，利用我们在地球附近观测到的天体的能流密度和天体单位时间释放的总能量，就可以推算出发光天体与我们之间的距离，本质上与高中阶段学习的点辐射模型异曲同工。再如，如何测量天体的温度呢？非常重要的物理背景是高中阶段学习的黑体辐射。测量出太阳的峰值波长，通过公式就能计算出对应黑体的表面温度。

在宇宙演化这一前沿模块里，电磁波的产生和传播，以及能量角度等多个方面，有很多可以跟高中物理学习紧密结合的真实情境。

第二个，有三位科学家因引力波研究获得了2017年诺贝尔物理学奖。我们来看看这背后的物理原理和可能的命题方向。

要理解引力波的产生，需要先理解和描述时空。我们知道在直角坐标系下如何用方程描述三维空间中的球面。同理，爱因斯坦场方程描述了时空曲率与物质分布之间的关系。当物质分布出现扰动时，比如物体加速运动，时空也会扰动。这种扰动的传播产生了引力波。最典型的物质分布改变就是双星绕转。双星绕转的原理在高中阶段可以用万有引力解释。当然，除了双星绕转，还有其他产生引力波的机制。

我们该如何探测引力波呢？LIGO探测引力波的原理是激光的干

涉。所以，LIGO 又叫激光干涉引力波天文台。有引力波通过时，接收器上能检测到周期性的明暗变化，而这种明暗变化的原理正是高中物理涉及的双缝干涉。

在这一前沿模块里，既可以类比机械波的传播创设引力波传播的情境，也可以从波的干涉角度，引入引力波探测的真实情境。

第三个，近年，一个热点真实情境是我国的火星和月球探测，主要是"天问一号"和"嫦娥"系列。我们以"嫦娥四号"为例进行说明。

一是"嫦娥四号"奔月过程涉及探测器变轨、第一宇宙速度、能量转化和机械能守恒等高考命题素材。

二是鹊桥中继卫星与拉格朗日点。我们知道，"嫦娥四号"实现了人类首次在月球背面软着陆。虽然学生不知道拉格朗日点的定义，但只要给出其运动特征，学生应该有能力通过力与运动的关系，建立起几何关系。

在这一前沿模块里，就可以以奔月为情境，考查变轨原理。这属于较浅层次的结合。也可以提供新信息，让学生提取信息并结合高中物理的模型和原理，推理论述。

第四个，2020 年是 5G 元年。三年来，5G 通信已经大范围部署实施，也是新基建的重要方向。我们来看 5G 有哪些与高中物理相关的内容。

有线通信与无线通信的基本原理是什么？这涉及高中物理中电磁波的发射和接收。另外，4G 与 5G 究竟有什么不同呢？从波段上看，从 4G 到 5G，采用的信号频率更高了，信号带宽更宽了，传输速率也提高了。

通信信号波长变化带来的直接结果就是基站布局的大变革。这涉及高中物理中光的衍射与波长的关系。那么，为什么世界各个国家没有更早地布局5G呢？原因就在于微基站的成本随着最近技术的进步才降到了可以大规模应用的水平。所以，5G的到来，也是受益于科技的进步。这也反映了技术与科学相互制约和影响。

波束赋形是5G通信中一项跟高中物理相关的重要技术。传统的通信天线像灯泡一样，往不同方向均匀发射电磁波。这样，一方面很多信号指向了没有设备的地方，另一方面当区域中设备密度较大时，不同设备的信号严重重叠，容易相互干扰。而波束赋形技术就能避免这种情况。

波束赋形即两个或更多的天线组成阵列以受控的延迟或相位偏移来发射信号，从而在空间中创造出定向的建设性干涉波瓣，实现发射端的电磁波指向它所提供服务的设备，而且能够跟随设备的移动而转变方向。这大大提高了人员密集区域的通信效率。

在命题方面，较浅层次的，可以考查电磁波频谱分布；较深层次的，可以考查波束赋形的干涉原理。我们知道两个相干波源，可以形成稳定的干涉图样，比如，水波的干涉。多个天线可以实现更加复杂的干涉图样，通过优化算法就可以得到我们期待的效果。

第五个，是关于激光冷却技术和光镊技术的原理。它们分别获得了1997年和2018年诺贝尔物理学奖。

激光冷却技术本质上是利用光子与原子的相互作用。从内容上看，涉及波尔原子模型、动量定理和动量守恒、光的粒子性以及多普勒效应。

光镊技术利用激光能对纳米至微米级的粒子进行操纵和捕获。当一束激光通过透镜射向细胞时，就能将细胞稳定地禁锢在特定位置，移动装置，细胞也会跟着移动，就像用激光夹住了细胞一样，所以叫光镊。其主要物理原理是光的折射和动量定理。2016年北京市高考物理压轴题，以信息题的形式查考光镊的原理。特别值得注意的是2016

年压轴题的素材在 2018 年获得了诺贝尔物理学奖，也说明北京市高考命题组不但重视真实情境，而且相当具有前瞻性。

以上，我以五个前沿热点为例，解读了如何以这些科技前沿作为命题情境，在中学范围内考查学生的核心素养。由此可见，前沿科技虽然高深，但只要选准角度，找到关联，拿来作为中学物理命题情境依然很有可行性。

》李春宇

做好学科诊断分析，促进学习增值

《普通高中英语课程标准（2017年版2020年修订）》提出，高中英语教学应处理好教、学、评的关系，达到以评促教、以评促学的目的。教师应充分发挥诊断性评估的功能，通过评估活动发现学生学习中的问题并为其提供及时的帮助和反馈，促进学生更有效地开展学习。诊断性评估是教师在教学前或教学过程中，对学生无效的学习行为和薄弱的学习环节进行分析，兼顾与学习相关的多种因素做出诊断，其目的是促进教师的教和学生的学。

为了更好地为教与学提供决策，我们进行了多元化、综合性的学科诊断分析，运用多种类型的测评方式，分别对学生学习风格、学习需求、学习难点等领域展开诊断研究，以获取诊断信息。

学习风格诊断，为个性化教学做铺垫

为了帮助学生更清楚地认识自身的学习偏好及其优点、缺点，充分利用自己学习风格的优势，也为了鼓励教师发现并科学应对学习类型的差异化和多样化，为学生提供不同学习路径的指导以及配套的学习资源，改善课堂教学环境和教学方式，提高教学效率，我们在学期初进行了学生学习风格及偏好的调查诊断。

借助所罗门（Felder-Silverman）学习风格模型，基于高二学生的总体认知水平，结合英语学科特点，我们翻译、改编并设计了关于学习风格的调查问卷。通过此调查问卷，教师可以得到学生四个维度的信息，每个维度均可分为两种类型的学习者：积极主动型/深思熟虑型，感觉型/直觉型，视觉型/语言表达型，循序渐进型/总体统揽型。

图5-6即同班级两位学生的学习风格对比情况。我们发现，同一班级群体中，存在学习风格完全不同的学生。于是，我们开始尝试在同一班级群体中，基于学生自身的学习风格，进行具有针对性、个性化的学习路径指导。例如，我们在课堂上引导学生A（积极主动型）在小组合作中，通过向他人解释或与他人讨论的方式加深对话题的理解。而对学生B（深思熟虑型），我们则帮助她选择固定搭档，并在课堂活动中给她更多深入思考和做笔记的时间。

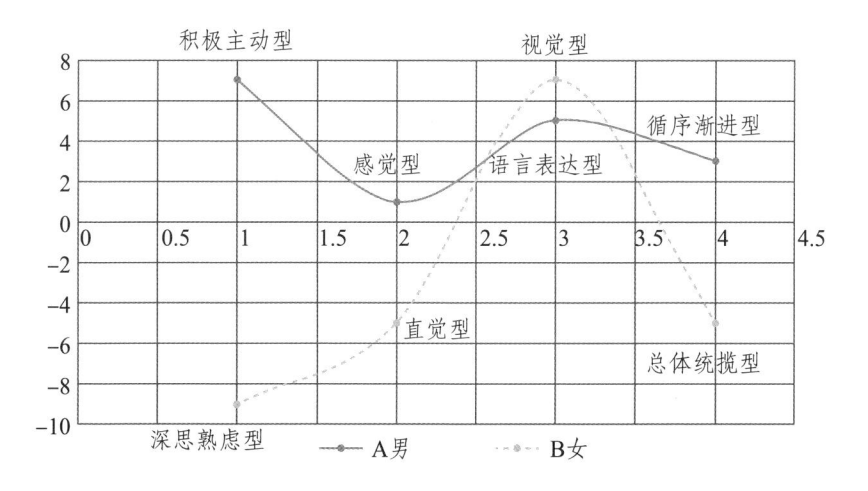

图5-6 同班级两位学生的学习风格对比

图 5-7 是对班级学习风格倾向的分析。我们发现，在不同维度上，班级之间的学习风格倾向也有较大差异。

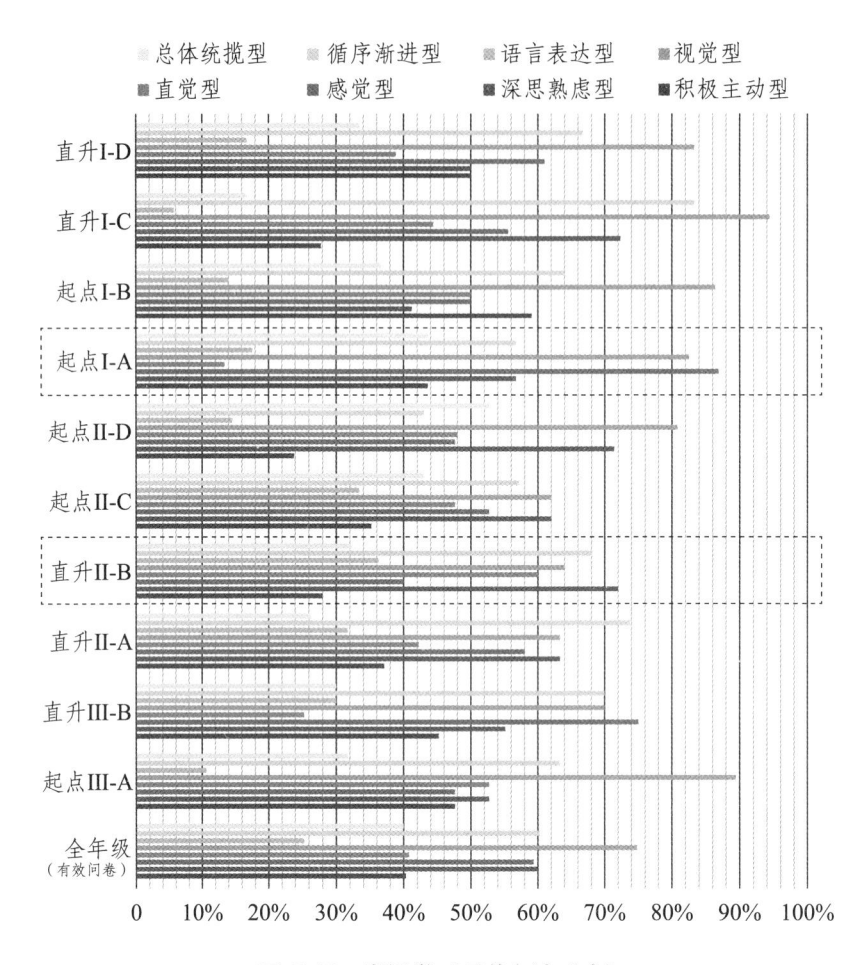

图 5-7　班级学习风格倾向分析

例如，在感知维度中，直升 II-B 班感觉型学生占 40%，直觉型学生占 60%，而起点 I-A 班感觉型学生占 87%，直觉型学生占 13%。因此，教师在不同学习风格倾向的班级中所采用的教学设计和教学策略也要随之调整。以阅读课为例，在感觉型学习者所占比例较大的班级，学生群体对文章细节的理解很有耐心，但如果要推测作者情感变化、归纳主旨大意，学生群体往往就会产生畏难情绪。这时，我们就更需要在教学设计上细化，通过搭建脚手架，由细节到归纳，层层铺垫。这样做既符合学生学习风格的偏好，又能帮助学生补足学习短板。

在信息输入维度，年级75%的学生为视觉型学习者。基于学生群体的这一特点，我们在本学期系统地开展了viewing（视觉）课程，更大地激发学生的学习兴趣。

学科认知诊断，诊断学生的学习需求及难点

在学科知识、技能层面，我们还通过分析学生的认知结构，诊断学生对语言技能的掌握程度，提供具有诊断功能的个性化反馈报告及补救性学习建议。

在学科期中、期末测评后，我们根据平台的数据，按小分项进行数据整理。我们将试卷诊断的小分项按照听力细节、听力转换理解或推理推断、听力填空、语法、阅读细节理解、阅读推理推断、阅读主旨大意、阅读表达、书面表达进行整理。为了给班级学生更有针对性的指导，我们还在小分项的基础上根据试卷考查的微技能进行细化。以高二上学期第一学段英语学科诊断为例，在语法填空层面，我们会把考查的语法知识细分为：时态（过去完成时）、主谓一致、动词非谓语结构（过去分词）、动词不定式、介词、限定词、名词、形容词（比较级）、副词。在阅读理解层面，我们会把考查的阅读技能细分为：理解句子字面意思、理解篇章字面意思、推测词意、连贯性推理、精加工推理、主旨大意、定位相关信息。通过诊断分析这些微技能，分别从个体水平和群体水平层面测算这些技能的掌握概率，让教师对英语教学进行有针对性的改进，同时让学生明确自身英语学习的弱项，进而改进。

为了了解学生的学习需求，分阶段进行教学改进，我们还会分学期开展学生自我分析，从知识、技能、学习习惯和方法等层面确定学生需要重点突破的任务。

基于诊断分析，通过对学生进行访谈、问卷调查，我们梳理出高二学生英语"重点突破专项"的任务范围：语音、语调，朗读中意群的处理，听力中转换理解或推理推断题，语法填空题专项，阅读理解中长难句的处理，阅读理解中推理推断题，阅读理解中主旨大意题，书面表达中句子的规范性，由于词汇量较小导致的英语综合水平较弱。在对该数据进行分析后，我们发现高二学生英语学习需求最高的前三项为：由于词汇量较小导致的英语综合水平较弱，语法填空题专项，语音、语调（见图5-8）。

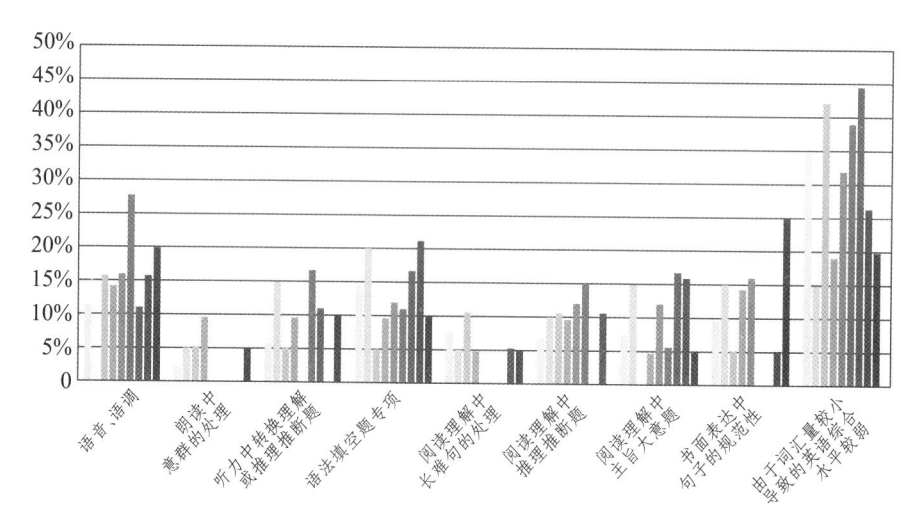

图 5-8 学习需求诊断分析

于是，我们在此后的教学活动中，加大了对词汇的学习。为了符合学生群体的学习风格偏好，我们开展了词汇主题活动"拔萝卜""种萝卜""励精图治测"等，调动学生的视觉、听觉、触觉，大大提升了学生积累词汇的兴趣。同时，对学生群体语法专项薄弱的知识点进行系统梳理，并在日常教学中对易混淆的单词读音进行归纳、总结。

课下，我们建立了专项提升学习小组，比如，语法专项小组、阅读小组和口语小组等。以阅读教学为例，每周我们会开展小组活动，进行补充阅读练习。小组活动中，我们会根据学习风格类型对学生进行分组，并对他们的阅读微技能进行监测。以口语教学为例，针对口语提升需求高或者口语存在较大问题的学生开展每周打卡活动，进行问题测评以及针对性指导和练习。

通过学习风格诊断以及学科认知诊断，我们精准地分析了学生在英语学科上需要提升的知识、技能与学习方法，帮助学生明确英语学习的阶段性目标，并根据学生的学习风格制定适合的教学方案。随着个性化教学在学生个人和群体层面的开展，学习路径得到了拓展，这促进了学生的英语学习不断增值。

》李潇雪

学科会诊，助力学生高考前的"最后一公里"

什么是学科会诊

北京市十一学校有一个传统，每年在高三第二学期的期中考试（又称高三"一模"）后，都要邀请有过高三教学经验但当年在非毕业班任教的资深教师，为高三部分学生进行学科学习诊断，并给这些学生在此后的备考中提供个性化建议。我们把这项活动称作"学科会诊"。

学科会诊的传统在我校已经传承了十来年，通常情况下，学科会诊会利用下午4：15后学生自主学习的时间分学科进行。由于部分学生可能会有两门或者更多学科要接受学科会诊，学科会诊的科目每天安排一到两个，完成所有学科的会诊通常需要一周左右的时间。

为哪些学生进行学科会诊

我校有很好的个别化教学和个性化辅导、答疑机制，教师对自己教学班的学生是非常了解的。因此，对那些学业水平很高且已经形成适合自己学习策略的学生，是不需要给他们做学科会诊的；有些学生虽然成绩暂时还不理想，但是整体上处于上升趋势，也不需要给他们做学科会诊。

那么，需要参加学科会诊的学生名单是如何产生的呢？通常是由毕业班的任课教师来确定的，主要为以下三类学生进行学科会诊：

1. 高三前期成绩一直非常稳定，但在高三"一模"中单科成绩下滑幅度较大的学生。

2. 学习态度踏实认真，一直都很努力，但单科成绩处于瓶颈期，找不到突破口的学生。

3. 总成绩优秀，但单科成绩贡献率低，学科发展严重不平衡的学生。

谁来给这部分学生进行学科会诊

既然是学科会诊，一定是多名教师一起进行的学科诊断。主诊断教师往往并不是学生的直接授课教师，通常也不是当年高三毕业班的授课教师，而是有多年高三任教经历，有丰富的高三备考经验，但在其他年级授课的资深教师。被诊断学生的高三直接授课教师充当协助诊断的角色，协助主诊断教师并参与该学生的学科诊断。学科会诊具体是如何操作的呢？各学科的操作方式稍有不同，但操作模式相似，以下以英语学科为例说明。

第一步：为主诊断教师提供试卷

被诊断学生提供自己高三期间5次大考的试卷（比如，北京市海淀区高三第一学期期中检测、期末统一检测，海淀区高三第二学期模拟检测、期中检测，再加上任意一次学校自己组织的统一检测，共5次）。

学生在试卷上标注自己的错题以及对这些错题的理解或困惑。对英语阅读理解题中的事实细节以及基于细节进行的推理推断题，需要在原文中标注答案的出处。

同时，学生还需要提供这几套试卷的考场作文或者作文答题卡。学生如果有考后作文的升级版或者改写版，也需要一并提供给主诊断教师。

协助诊断教师需要提供这5次考试的空白卷给主诊断教师。

第二步：主诊断教师做卷子

主诊断教师通常需要找一个完整的空档时间，按照每套卷子规定的时间把自己切换为学生的身份去做卷子。由于主诊断教师并不在高三任教，他们对这些题其实并不太熟悉。因此，当他们换一种身份从学生的视角去做这些题的时候，往往更能找到出题教师所设置的"陷阱"，也更能感同身受学生的"痛"。这个步骤非常重要，当然也特别耗时。提供给主诊断教师的试卷一定不能多，提供5套高三不同阶段的试卷就足够了。主诊断教师往往需要一两天的时间才能把这些试卷做完。

主诊断教师都是有过多轮毕业班教学经验的资深教师，他们在做题的过程中会标注出学生可能出错的地方。做完所有试卷后，主诊断教师还会把不同试卷里的同一知识点进行勾连，找到试卷背后的命题逻辑。

第三步：主诊断教师对学生试卷中出现的错误进行分析

主诊断教师会把被诊断学生 5 套试卷里的所有错误都记录下来，并标注错误的类型或者题目的考点。把 5 套试卷中出现的全部错误按照考试的时间顺序由远及近进行排列。

主诊断教师会发现有些错误在前面的考题中虽然出现过，但随着复习的推进，这类题目对被诊断学生已经不构成挑战了；有些错误被诊断学生可能一直在犯，相关知识一直没有真正掌握；有的则是因为进入高三后期，完成第二轮复习后，被诊断学生把某些知识点混淆了，从而产生了新错误。比如，在语法填空题中，我们发现，被诊断学生前几次定语从句题都没有出错，但进入第二学期后定语从句题连续出现错误。究其原因，是进行了第二轮复习后，学生把定语从句和名词性从句混在一起了。

主诊断教师不仅要记录被诊断学生试卷上所反映的问题，还要找出这些错误背后的原因。

第四步：主诊断教师与协助诊断教师沟通学生情况

既然是学科会诊，主诊断教师在和学生见面前，一定要和他的直接授课教师先沟通。教师针对各自诊断的学生情况进行信息汇总，并共同制定被诊断学生的帮扶方案。

第五步：主诊断教师、协助诊断教师、学生三方面对面进行学科会诊

这是学科诊断的最后一步。在完成前面大量准备工作后，会诊的

最后一步往往并不需要花很长时间，通常每个学生不会超过一小时。主诊断教师、协助诊断教师、学生坐在一起，学生先和两位教师谈一谈自己在学科上遇到的困难，然后主诊断教师根据自己从学生试卷中发现的问题，给学生提出最后冲刺阶段的提升方案或建议。

学科会诊到底要诊断什么

诊断单科成绩下滑幅度较大的学生是学科知识有问题还是心理状态出了问题

有的学生在高三阶段英语成绩一直非常稳定，在某次大考中突然出现重大失误。这时，教师就需要帮助学生分析是出现了重大的知识漏洞，还是在考试中心态出了问题。

比如，我在给 A 同学做学科会诊时，发现该同学在前几次考试中阅读理解部分表现非常稳定，基本不会出错，可是在高三下学期期中考试中阅读理解部分却丢了 10 分。

该同学在自己的试卷上写道："老师，您好！我在阅读理解方面出现了重大问题。这次大考暴露了我的阅读能力很弱，我一遇到长难句就发蒙。最近，我在狂做阅读题，每天都保证完成两套试卷的阅读理解题。不知道这样是否可行，请会诊的老师给我指点迷津。"

稍有教学经验的教师都知道，学生的英语阅读理解能力不可能在短时间内出现大幅下滑。这个学生大概率是在考试的过程中出现过于紧张、焦虑等心理问题，或者是由于某道题"卡壳"导致他在做后面的阅读理解题时乱了方寸。

我在查阅该同学的卷子时发现，他第一道丢分的阅读理解题出现在阅读的 B 篇。通常情况下，阅读的 B 篇比较简单，像 A 同学这种英语水平的学生按理说不应该在阅读的 B 篇丢分。A 同学丢分的这道题是一个主旨大意题：

37. The passage describes _____.
   A. a rewarding training
   B. a narrow escape
   C. a painful exploration
   D. a serious accident

整篇文章讲述了一位飞行员在飞行途中遇到冷空气气旋，最后克服重重困难使飞机成功着陆的故事。A 同学应该完全看懂了这个故事，但是他对选项 B 的理解不到位。从四个选项看，选项 B 确实是最难理解的一个，意为"一次死里逃生"。

学科会诊时，该同学告诉我们他在考试的时候一直特别纠结选项 B 的意思，他不清楚是"差一点儿就成功逃生（即没有成功逃生）"，还是"情况很危险，但是最后逃生成功"。他更倾向于第一个意思，但是按照第一个意思又找不到正确答案。他在考场上纠结是不是这道题出了问题，但是这么重要的考试题目不应该有问题啊！他又觉得按理说在阅读的 B 篇不应该出现难题，可是这道题怎么这么难？就这么琢磨，耽误了差不多 5 分钟。一看时间，觉得时间不太够了，做到阅读的 D 篇时，由于乱了方寸，心理出现较大波动，稍有难度的长难句就看不懂了。其实，他就是没法静下心来分析句子结构、理解句子大意了。于是，该同学在阅读的 D 篇丢了 6 分。

这是一个典型的在大考中考试心态出现问题的案例。被诊断学生的学科知识没有出现大的问题。在学科会诊中我们帮这个学生卸下了心中的包袱，于是他调整了复习策略，不会再继续执行"狂做阅读题，每天都保证完成两套试卷的阅读理解题"这种错误的复习策略了。

诊断出学生期中考试后的复习策略是否得当

有一部分学生学习一直都很努力，但单科成绩始终处于瓶颈期，苦于找不到突破口。对这类学生，单单看学生的试卷是不够的，更重要的是在会诊中对学生进行访谈。

访谈时不用过于聚焦具体的学科知识，而要聚焦学生的复习策略，尤其是模块知识的复习策略。比如，最后一轮的词汇复习是如何开展的？每天花多长时间做阅读理解？每周完成几篇完形填空？考试后对作文是否做了"升格"处理？……两位诊断教师通过细致的访谈，往往能发现学生期中考试后复习策略的不恰当之处。这时候，两位诊断教师会给学生提供一些合理的、个性化的建议。有时候确实找不到被诊断学生的复习策略问题，这也是非常好的诊断结果。这时，诊断教师就会鼓励学生继续坚持自己的做法。方法对路，继续努力，这本身就是找准了突破口。

诊断出学生考前"最后一公里"的最优提升点

对总成绩优秀、单科发展极不平衡的学生，在学科诊断中一定要帮学生找到考前"最后一公里"的最优提升点。

这类学生出于各种原因导致单科发展不平衡，临近考试时他们往往会投入更多时间在弱势学科上，有的学生甚至会把可以自主支配的多半课余时间花在弱势学科上，期待在"最后一公里"实现反超。有经验的教师都知道，一个学生的单科发展不平衡是一个"历史问题"，想在考前最后一段时间里完全解决这个问题、实现"弯道超车"的可能性非常小。在弱势学科上花时间过多，反而会影响其他学科的正常发展，从而影响总分的提升。这时候就需要通过学科会诊，师生合力找到考前"最后一公里"的最优提升点，让考前"有限时间"的价值最大化。

比如，B同学苦恼于自己的阅读理解题失分过多，每次都要丢掉10分以上。该同学的词汇量基本没有问题，但是理解能力偏弱。我们两位会诊教师给出的建议是：规范做题，科学训练，考前最后一段时间每做一道阅读题都从出题者的角度思考，找到出题点。然后，从原文中找到出处，把正确答案与原文出处进行对比分析。通过这种对比分析，提升做题的技巧，做到细节题和基于细节进行的推断题不丢分，主旨大意题尽可能得分，把阅读题的失分控制在4分以内。

又如，C同学的语法填空题比较弱，每次从句题和介词题都会丢分。我们两位会诊教师给出的语法复习建议是：抓大丢小，用思维导图的方式梳理定语从句、名词性从句和状语从句，找到三大从句的异同点，并在每次写作中尝试使用至少两类从句；对介词题，因为涉及面特别广，而且它与其他模块的知识联系不紧，我们建议该生不用刻意复习。

再如，D同学的阅读表达题和写作得分一直提高不了，究其原因是书写不规范，卷面太乱。在短期内不能很快提升写作能力的情况下，可以把提升重点放在句子的准确性和卷面的规范上。

总之，应通过学科会诊找到学生短期内可以提升的某一点或者某几个点，不求全面。其他方面正常复习，争取在这一两点上实现重点突破，这样总分通常就会有比较明显的提升。

学科会诊时应注意的几个问题

第一，参加学科会诊的学生所占比例不能过大，一般不超过该学科总人数的10%。需要学科会诊的一定是疑难杂症，对一般性问题，授课教师通过课上教学和课下答疑完全可以解决。

第二，学科会诊不能功利化，不能让学科会诊成为成绩优秀学生的福利，而是要把机会留给最需要会诊的学生。

第三，给学生的提升建议不要追求全面，而是要根据学生的具体情况找准一两个可以在冲刺阶段提升的具体"点"。要帮助学生在高考前的"最后一公里"里做减法，而不是做加法。

》赵俊

后 记

2020—2021学年度，我在担任北京市十一学校教育家书院院长期间，有幸与学校成果转化中心的赵继红老师、学校媒体出版中心的聂璐老师一起，梳理老师们在"从教到学"课堂转型中的实践成果。当时，距离学校提出"从教到学"课堂转型已经有四年时间了。

在这期间，我们与各位学科主任、骨干教师广泛接触，深入了解了各个学科在课堂上落实核心素养方面取得的突破，在"从教到学"课堂转型中遇到的问题和困难，同时也收集了大量实践案例。

从这些案例中，我们发现很多教师都在探索大单元设计。有的教师谈论如何开发一个大单元，如何通过大单元设计让核心素养真正落地；有的教师则具体阐述如何让大单元的教学目标聚焦学科大概念；有的教师分享真实学习任务的设计过程；还有的教师探索量规等学习工具如何支撑学生的学习；也有教师呈现针对大单元教学的评估设计；等等。

在十一学校，从课时教学走向单元教学，大家已经达成共识，但是老师们对大单元设计的思考之广、研究之深、探索之实，还是让我们兴奋不已。

实际上，大单元设计不是一般的单元教学，设计出符合要求的大单元不是一件容易的事。这不仅需要教师具备较深的专业功底，还需要对落实核心素养、对从教走向学有深入的理解与认同，同时还需要对教育、对教学有特殊的痴迷与热爱，因为大单元最初的设计过程不仅烧脑，而且耗时，需要投入较多的时间和精力。非常欣慰，十一学校有一大群这样的教师！

源创图书的张万珠先生看到这些案例后也非常欣喜，希望能针对目前广大教师在大单元设计中遇到的问题和困惑，结合这些案例，有针对性地加以阐释。于是我们从单元目标、学习任务、单元整合、学习资源、诊断与评估五个维度对案例进行梳理总结，希望这些来自十一学校教师原创性的思考与实践，能对读者有所启发和帮助。

感谢提供实践案例的老师们！向在课堂上孜孜探索的老师们致敬！

王春易

图书在版编目（CIP）数据

从教走向学.2，大单元设计的方法与案例/北京市十一学校教育家书院著.--北京：中国人民大学出版社，2024.1

ISBN 978-7-300-32324-4

Ⅰ.①从… Ⅱ.①北… Ⅲ.①课堂教学—教学设计—中学 Ⅳ.①G424.21

中国国家版本馆CIP数据核字（2023）第220069号

从教走向学2：大单元设计的方法与案例
北京市十一学校教育家书院　著
Cong Jiao Zou Xiang Xue 2: Da Danyuan Sheji de Fangfa yu Anli

出版发行	中国人民大学出版社		
社　　址	北京中关村大街31号	邮政编码	100080
电　　话	010-62511242（总编室）	010-62511770（质管部）	
	010-82501766（邮购部）	010-62514148（门市部）	
	010-62515195（发行公司）	010-62515275（盗版举报）	
网　　址	http://www.crup.com.cn		
经　　销	新华书店		
印　　刷	北京华宇信诺印刷有限公司		
开　　本	720 mm×1000 mm　1/16	版　次	2024年1月第1版
印　　张	12.5　插页1	印　次	2024年1月第1次印刷
字　　数	160 000	定　价	68.00元

版权所有　侵权必究　印装差错　负责调换